ISBN: 9786585267014
Publication: June 1st, 2023
Press: PLATAFORMA9
Place: Niterói, Brazil
Article sources: plataforma9p9.com
Writing: Mirna Wabi-Sabi
Cover design: Mirna Wabi-Sabi
Design oversight: Adriano Kalman
Fonts: Editorial Old and EB Garamond
Librarian: Kethlyn Galdino Pereira

Pretend this is a cellphone

Mirna Wabi-Sabi

Finge que isso é um celular

Index

Grîngos and Fascism ... 7
  Part I: The Anti-[blank] Manual ... 8
  Part II: Capitalism, Fascism And
      White Supremacy ... 15
  Part III: The White Aesthetic ... 19
  Part IV: Conclusion ... 21
  References ... 24

Virtual Vandalism and the Dispute Against Leftists ... 27
  Facebook ... 28
  The Secret Group ... 30
  The Dispute for the Law ... 33
  The Public Sphere ... 34
  Vandalism ... 36

Digital Monitoring as a Threat to Human Mobility ... 40
  Abstract ... 40
  Integration Contracts ... 43
  Artificial Intelligence and Action ... 45
  References ... 49

The Ultra Wealthy Dream of Fintech Unicorns ... 54
  References ... 57

Índice

Gringos e Fascismo ... 7
Parte I: O Manual Anti-[insira opressão aqui] ... 8
Parte II: Capitalismo, Fascismo e
Supremacia Branca ... 15
Parte III: A Estética Branca ... 19
Parte IV: Conclusão ... 22
Referências ... 24

O vandalismo virtual e a disputa contra 'esquerdistas' ... 27
O Facebook ... 28
O grupo secreto ... 30
A disputa pela lei ... 33
A esfera pública ... 34
O vandalismo ... 36

Monitoramento digital como ameaça à mobilidade humana ... 40
Resumo ... 40
Contratos de Integração ... 43
Inteligência Artificial e Ação ... 45
Referências ... 50

Os ultra ricos sonham com unicórnios da Fintech ... 54
Referências ... 57

Gringos and Fascism

grin·go /'griNGgō/ [masculine noun]
grin·ga /'griNGga/ [feminine noun]

A person, especially an American, who is not Hispanic or Latino(a).

Gríngos e Fascismo

grin · go / ʻgriNGgō / [substantivo masculino]
grin · ga / ʻgriNGga / [substantivo feminino]

Uma pessoa, especialmente um americano, que não é hispânico ou latino (a).

Part I: The Anti-[blank] Manual

The Antiracist Manual by Djamila Ribeiro came out in Brazil the same month as the Portuguese translation of *Antifa: The AntiFascist Handbook (ANTIFA O Manual Antifascista)* by Mark Bray. The difference between these two manuals is not just the subjects they address (fascism and racism), it is who is speaking in each book and to whom. One is written by a Black Brazilian woman about the racism she experienced, aimed at a white audience. The other is written and translated by white-passing men, aimed at a broad audience. Considering Brazil's unique colonial history, evaluating the relationship between racism and fascism, and the resistance movements against them, may be more effective than uncritically adopting Western antifascist tactics.

The first words of Ribeiro's book are, "As a child, I was taught that Black people used to be slaves, and that's it." Bray's book starts with, "I wish there were no need for this book." He has his own marginalized identity, as a person of Jewish descent with ancestors who survived the Holocaust, though he also talks about other marginalized identities. Ribeiro, on the other hand, speaks immediately, and only, from her experience as a Black woman, and this contrast between them is the microcosm of a global trend in dissemination of political theory. It is the reason why U.S. American intellectual production is widely consumed in Brazil (such as Bray's book), while Brazilian intellectual production is seldom consumed in the US (such as hers).

This disparity in flow of knowledge is representative of imperialism, but, more importantly, of how the antifascist movement, along its aesthetic and ideological framework, could, in some cases, be an extension of racist imperialism by reproducing Western cultural hegemony in Brazil. In other words, when he speaks, he represents all those who fall victim to fascism, while when she speaks, she represents only herself.

Parte I: O Manual Anti-[insira opressão aqui]

O Pequeno Manual Antirracista de Djamila Ribeiro saiu no Brasil no mesmo ano que a tradução para o português do Manual Antifascista de Mark Bray. A diferença entre esses dois manuais não está apenas nos assuntos que cada um aborda (fascismo e racismo), está em quem fala no livro e para quem. Um é escrito por uma mulher negra brasileira sobre o racismo que ela mesma vivenciou — dirigido a um público branco. O outro é um livro escrito e traduzido por homens de passabilidade branca — dirigido a todos em todos os lugares. Considerando a história colonial particular do Brasil e sua subsequente conjuntura política, abordar a relação entre racismo e fascismo, e os movimentos de resistência relacionados a eles, é mais eficaz do que adotar de forma acrítica táticas antifascistas ocidentais.

As primeiras palavras do livro de Djamila Ribeiro são: "Quando criança, fui ensinada que a população negra havia sido escrava, e pronto". O livro de Bray começa com: "Eu gostaria que não houvesse necessidade para este livro." Por trás da estética desses escritores e de suas escritas, vemos uma pessoa descrevendo uma lembrança potente de infância, e outra afirmando que seu próprio trabalho é imprescindível. É importante ressaltar isso porque muitas pessoas no Brasil que estão lutando contra o que alguns chamariam de fascismo, e outros de racismo, não estão interessadas em ouvir homens brancos continuarem a fazer declarações épicas sobre a humanidade. Há pouca confiança que esses homens entendam a realidade de pessoas negras brasileiras bem o suficiente para fazer tais afirmações. E isso se aplica a declarações sobre a destruição de estruturas racistas — um sistema pelo qual pessoas brancas são menos propensas a serem negativamente afetadas.

Há conhecimento que não se obtém nem de livros, nem se prova que possui com credenciais acadêmicas. No Brasil, chamamos

Beneath the aesthetics of these writers, we see a person describing a painful childhood memory, and another stating the relevance of their work. This is worth pointing out because those of us with inescapable and visually dissident bodies are seldom given the chance to speak for all, while certain bodies seen as representative of human (Western) civilization are socialized to speak as such. Moreover, some people in Brazil who are fighting against what some would call fascism, and others racism, are not interested in hearing white men continue to make sweeping statements about humanity. There is little trust that these men understand the reality of Black Brazilians well enough to make such claims. And this applies to statements about destroying racist structures – a system white people are least likely to be held back by.

There is knowledge you cannot get from a book. In Brazil, we call that *lugar de fala* (place of discourse). This idea was explained to me by members of a Pan-Africanist organization years ago, about my own participation as I offered to help out at their autonomous school: "You can participate, but you cannot raise your hand at a meeting to make suggestions about how we should fight anti-Black racism. White people love to come here and teach us how to do things." In other words, I must acknowledge the political context in which the dialogue is happening, and the reality of my own experience as someone who is not Black, if I want to engage with an Afrocentric movement. Afrocentrism succeeds in undermining anti-Black sentiments when it demands this from whiteness (not the person, but the whiteness in them).

> *"In a white, patriarchal supremacist society, can white women, black women, black men, transgender people, lesbians, gays talk in the same way as heterosexual cis white men? Is there the same space and legitimacy?*

isso de 'lugar de fala'. Isso me foi explicado por membros de uma organização panafricanista anos atrás, quando me ofereci para dar aula na escola autônoma deles: "Você pode participar, mas não pode levantar a mão numa reunião para fazer sugestões sobre como devemos lutar contra a supremacia branca. Os brancos adoram vir aqui ensinar pra gente como fazer as coisas." Em outras palavras, devo reconhecer a conjuntura política na qual o diálogo está acontecendo e a extensão de minhas próprias experiências de vida como alguém que não é negro, se eu quiser me envolver com um movimento afrocêntrico. O afrocentrismo consegue minar manifestações de racismo quando exige isso da branquitude (não da pessoa, mas da branquitude nela).

"Numa sociedade supremacista branca e patriarcal, mulheres brancas, mulheres negras, homens negros, pessoas transexuais, lésbicas, gays podem falar do mesmo modo que homens brancos cis heterossexuais? Existe o mesmo espaço e legitimidade? Quando existe algum espaço para falar, por exemplo, para uma travesti negra, é permitido que ela fale sobre Economia, Astrofísica, ou só é permitido que fale sobre temas referentes ao fato de ser uma travesti negra? [...] Um dos equívocos mais recorrentes que vemos acontecer é a confusão entre lugar de fala e representatividade. Uma travesti negra pode não se sentir representada por um homem branco cis, mas esse homem branco cis pode teorizar sobre a realidade das pessoas trans e travestis a partir do lugar que ele ocupa. [...] Em outras palavras, é preciso, cada vez mais, que homens brancos cis estudem branquitude, cisgeneridade, masculinos." (Djamila Ribeiro)

*When there is some space to speak, for ex-
ample, for a black travesti, is she allowed to
talk about Economics, Astrophysics, or is
she only allowed to talk about issues related
to being a black travesti? [...]*

*One of the most recurring misconceptions we see happening is
the confusion between place of discourse and representation. A
black travesti may not feel represented by a white cis man, but
that white cis man can theorize about the reality of trans and
travesti people from the place he occupies. [...] In other words, it
is increasingly necessary that cis white men study whiteness, cis-
ness, masculinity." (Djamila Ribeiro)* (Note that the word 'travesti' is used instead of transgender. The term refers to the Latin
American word that refers a concept of feminine expressions
outside the cis paradigm and regarded by some as a third gender.
Historically, it also exists in a framework of class and access to
medical/material resources.)

The lack of white representation in Afrocentric spaces is threatening only to those who seek to retain the power this representation guarantees to the already established racist structures.
Meanwhile, Black representation is only a means to an end –
the end of white supremacy. Djamila Ribeiro has made way for
Black womanhood in academia, but she did not become the
'representative' of Black Brazilian women. There is as much diversity in perspectives within the Black Brazilian population as
there is everywhere else.

Letícia Parks, a Black Marxist, criticized Ribeiro for overlooking
the issue of class when accepting sponsorship from a corporation that exploits workers. Ribeiro's response was to point out
that it is easier for Parks to adopt a European ideology (Marx-
ism) and center her activism on class rather than on race because
she has much lighter skin and benefits from hierarchies based
on skin color (colorism). Indeed, Ribeiro does not concern her-

A falta de representatividade branca em espaços afrocêntricos é ameaçadora apenas para aqueles que buscam proteger o poder que essa representação garante em estruturas racistas já estabelecidas. Enquanto isso, a representatividade negra é apenas um meio para um fim — o fim da supremacia branca. Djamila Ribeiro abriu caminho para a feminilidade negra na academia, mas ela não se tornou a 'representante' das mulheres pretas. Há tanta diversidade de perspectivas na população negra brasileira quanto na minoria que não é negra.

Uma marxista negra chamada Letícia Parks, por exemplo, criticou Djamila por deixar de lado a questão de classe ao aceitar patrocínio de uma empresa que explora trabalhadores. A resposta de Ribeiro foi apontar que é mais fácil para Parks adotar uma ideologia europeia (marxismo) e orbitar seu ativismo na questão de classe, em vez de raça, porque ela tem a pele muito mais clara e se beneficia do colorismo. Realmente, Djamila não se preocupa tanto com o anticapitalismo quanto com o antirracismo. Por outro lado, o colorismo existe e informa o lugar de fala das pessoas.

Nenhum outro país viveu o empreendimento colonial como o Brasil — enquanto epicentro do comércio de pessoas escravizadas. O número total de africanos escravizados que morreram a caminho do Brasil foi o triplo do total que foi para os Estados Unidos (slavevoyages.org). Essa carnificina foi suficiente para mudar os hábitos alimentares de tubarões no Oceano Atlântico, o que trouxe o abuso racial á um nível de macabro sem precedentes, enquanto seguiam navios.

Ao lado da violência racializada, estava a violência sexualizada e de gênero direcionada contra mulheres não-europeias. Um estudo pelo biomédico Gabriel Alves mostra que 70% da população brasileira é descendente de mulheres negras ou indígenas, e de homens europeus. "Tamanha era a mística sexual que envolvia a mulher de cor que a infidelidade e a promiscuidade de sua parte

self with anticapitalism as much as she does with antiracism. On the other hand, colorism exists in Brazil and influences people's place of discourse.

No other country experienced the colonial enterprise the way Brazil has – as the epicenter of the slave trade. The total number of enslaved people who died *en route* to Brazil was triple the total that went to the United States. Such carnage was enough to change the eating habits of sharks in the Atlantic Ocean, who added an unprecedented layer of the macabre to the racialized abuse taking place as they followed ships.

Alongside racialized violence exists a gendered and sexualized one perpetrated against non-European women. A recent study shows that 70% of the Brazilian population are the descendants of Black and Indigenous women and European men: "Such was the sexual mystique enshrouding the colored woman that infidelity and promiscuity on her part were regarded as almost inevitable," as described by a racist Welsh historian in 1977. In truth, colonizers were predominantly male, who shielded the few (if any) European women from the brutality of the colonial world – its sexual and political milieu – while exploiting and abusing women of color, and having mixed race children. "Memoirs, diaries, or chronicles written by females in Portuguese America have not survived the ravages of time if they existed at all," all the while the enslaved population skyrocketed as much as the indigenous population plummeted.

Both the alarming decrease in the Indigenous population, and the massive increase of people of African descent, can be seen as genocidal. Not only because of the sheer numbers of deaths *en route*, but also the forced reproduction under subhuman conditions. When working conditions were not subhuman, they involved the erasure of the African (and Indigenous) identity, of any sense of belonging to a place or community, and a psychic torture that has lasted hundreds of years.

eram consideradas quase inevitáveis", como descreveu um historiador racista galês em 1977. Na verdade, os colonizadores eram predominantemente homens, que protegiam as poucas (se existentes) mulheres europeias da brutalidade do mundo colonial — seu âmbito sexual e político — enquanto exploravam e abusavam mulheres negras e tinham filhos mestiços. "Memórias, diários ou crônicas escritas por mulheres na América portuguesa não sobreviveram aos estragos do tempo, se é que existiram" (Russell-Wood), enquanto a população escravizada disparou e a população indígena despencou.

Tanto a alarmante redução da população nativa quanto o aumento da população africana podem ser vistos como genocidas. Não apenas devido ao grande número de mortes durante o trajeto, mas também pela 'reprodução' forçada em condições subumanas. Quando as condições de trabalho não eram subumanas, envolviam o apagamento da identidade africana e indígena, de qualquer sentimento de pertencimento a um lugar ou comunidade, e uma tortura psíquica que tem durado centenas de anos. Hoje, apesar da (ou devido à) história de genocídio por assimilação e miscigenação, quanto mais branca a pele, maior o sentimento de pertencimento à Nação. O termo "complexo de vira-lata" representa essa noção generalizada de que não somos de raça pura. Está tão arraigado em nossa psique que uma história como a da Pocahontas da Disney, por ser resgatada por um "príncipe" branco, é romantizada, enquanto a realidade da agressão sexualizada e o genocídio durante a era colonial é apagada, escondida nas profundezas de nosso subconsciente. Muitos de nós também queremos ser "ricos", mais até do que queremos superar esse trauma.

Um movimento de mulheres pretas brasileiras tem resistido a essa tendência popular de autodepreciação ao ser pioneiro em mecanismos espirituais e políticos que visam a reconstrução de uma identidade cultural da diáspora africana. Carla Akotirene, pesquisadora baiana, exemplifica como não há necessidade de se

Today, despite (or due to) the history of genocide through assimilation and miscegenation, the whiter the skin, the greatest the sense of belonging to the Nation. It is referred to as the *complexo de vira-lata* – the "mongrel complex" – well-fitting the widespread notion that we are not of pure race. So entrenched it is in our psyche, that the Disney Pocahontas story of being rescued by a white 'prince' is romanticized, while the reality of sexual assault and genocide during the colonial era is boxed away, hidden deep in our subconsciousness.

A movement of Black Brazilian women has resisted this popular tendency towards self-deprecation by pioneering extraordinary spiritual and political mechanisms to reconstruct a cultural identity of the African Diaspora. Carla Akotirene, a researcher from Bahia, exemplifies how there is no need to become a Marxist to address the issue of capitalism within an antiracist framework. She does this by approaching intersectionality through a spiritual African Diasporic lens, tackling Western dominance with *Ancestralidade* ('Ancestrality'), which is unlike 'ancestry' in the sense that it concerns culture more than genetic lineage. Investing in "this ancestral grammar for analytical meanings about intersectionality" is revolutionary in rescuing non-Western epistemologies from annihilation.

> *"The initiation process – when the person recognizes and merges with the Orixá – opens the channel for a non-fascist way of life. This is because, in the long walk of reunion with African ancestral roots, we also come to understand its foundations and meanings, making it possible to incorporate a new habitus, different from the habitus created by the Western subjectivity."*
> (Rafael Almeida)

tornar marxista para abordar a questão do capitalismo no movimento antirracista. Ela faz isso ao abordar a interseccionalidade através da lente espiritual da diáspora africana, ao confrontar a dominação ocidental com Ancestralidade. Investir nessa "gramática ancestral para sentidos analíticos sobre interseccionalidade" é revolucionário por resgatar uma epistemologia não-ocidental da aniquilação.

> *"O processo de iniciação — quando a pessoa reconhece e funde com o orixá — abre o canal para uma forma de vida não-fascista. Isto porque, na longa caminha de reencontro com as raízes ancestrais africanas, passamos também a compreender seus fundamentos e significados, possibilitando incorporar novos habitus, diferentes dos habitus criados pela subjetividade ocidental."*
> *(Rafael Almeida, sergipano baianizado, homem negro de candomblé e anarquista.)*

Na minha opinião, o feminismo africanista tem sido a estratégia antifascista mais eficaz que o Brasil já viu, ao enfrentar todos os domínios da opressão — desde a autoestima até as condições materiais como infraestrutura, desenvolvimento comunitário e, o mais importante, a sobrevivência. Ao contrário do patriarcado ocidental, que alimenta a competição, o individualismo e a autoridade através do uso da violência ou da força, a 'matricomunidade' garante todas as necessidades espirituais e materiais básicas que um governo fascista não só falha em fornecer, mas sistematicamente priva a fim de marginalizar e exterminar um contingente indesejado da população.

> *"Modelos de sociedades matriarcais e comunitárias embarcaram nas memórias da juventude da negra escravizada e as bagagens existenciais depositadas em seus*

In my view, Africana womanism has been the most effective antifascist strategy Brazil has seen, tackling all realms of oppression from self-esteem to material conditions, infrastructure, community development, and, most importantly, survival. Unlike Western patriarchy, which feeds competition, individualism, and authoritarianism through the use of violence or force, the 'matricommunity' guarantees all the basic spiritual and practical needs that a fascist government not only fails to provide, but systematically deprives in order to marginalize and exterminate an unwanted contingent of the population.

"Models of matriarchal and community societies embarked on the memories of the youth of enslaved black women and existential baggage deposited on their bodies endured all the massacre and the pain and restored strength so as to guarantee the commitment to re-organize the civilization trail of the dispersed black people, outside Africa. [...] [R]ecreating links with communities, the vast majority of whom are black, a population that is shattered by colonialist and Judeo-Christian logic."
(Katiúscia Ribeiro)

Candomblé and Umbanda are uniquely Brazilian religions resulting from the African Diaspora, and spiritual practices many, in Brazil, describe as being of the African Matrix. As unique expressions of this matriarchal 'ancestrality', they lay out how women and natural forces can (and should also) be Deities. To reject "God" for its association with a (Christian) state is similar to the rejection of an ethnic identity for its association with racism. There are many other Deities, and to reject all is to give way to a similarly pervasive secular Westernness. Moreover, these religions of the African Diaspora show how Black culture is Brazilian culture, no matter how hard Brazilian 'fascists' try to

corpos suportaram todo o massacre e a dor e restabeleceram as forças para assim garantir o compromisso de reorganizar o trilho civilizacional do povo negro disperso, fora de África. [...] Recriando os vínculos com as comunidades, em sua grande maioria de população negra, população essa destroçada pela lógica colonialista e judaico-cristã." (Katiúscia Ribeiro)

O Candomblé e a Umbanda, como expressões particulares dessa 'ancestralidade' matriarcal, estabelecem como as mulheres e as forças naturais podem (e também devem) ser Divindades. Rejeitar "Deus" por sua associação com um Estado (cristão) é semelhante à rejeição da raça por sua associação ao racismo. Existem muitas outras divindades, e rejeitar todas é dar espaço a uma ocidentalidade secular hegemônica. Além disso, essas religiões da diáspora africana mostram como a cultura negra é a cultura brasileira, por mais que "fascistas" brasileiros tentem rejeitá-la. Esse é o cerne da questão quando se fala do que é fascismo nesse país — há brasileiros com passabilidade branca que não querem que pessoas negras, indígenas e pobres existam no paradigma nacional.

No contexto brasileiro, onde a miscigenação existia no lugar da segregação, os conceitos de 'passabilidade branca' e 'colorismo' estão presentes na vida de todos e todas, seja isso reconhecido ou não. Passar por branco se relaciona com o colorismo no sentido de que embora o povo brasileiro não seja branco, essa sociedade tem uma estrutura que recompensa a capacidade de assimilar à branquitude. Nesse caso, assimilação significa entrar num ambiente em que a negritude deixe de colocar alguém em destaque. Existem várias maneiras de atenuar a negritude, seja ao mudar o cabelo, as roupas, o comportamento ou, até mesmo, características faciais. A eficácia dessas tentativas, e até que ponto cada pes-

shun it. That is the heart of the matter when speaking of what fascism looks like in this country. There are white-passing Brazilians who do not want people who are Black, Indigenous, and poor to exist.

In the Brazilian context, where miscegenation existed in place of segregation, the concepts of 'white-passing' and 'colorism' are present in everyone's lives, whether acknowledged or not. Passing for white relates to colorism in that although Brazilians are not broadly considered "white", this society has a structure which rewards the ability to assimilate into whiteness. In this case, assimilation means entering a room and not having Blackness make someone stand out. There are several ways to tone down Blackness, whether through changing one's hair, clothes, behavior, or even body and facial features. The effectiveness of these attempts, and the extent to which each person is able or willing to go, informs a person's level of passability and privilege.

> *"Colorism means, in a simplified way, that discrimination also depends on a person's skin tone and pigmentation. Even among black people or people of African descent, there are differences in treatment, experiences and opportunities, depending on how dark your skin is."*
> *(Bianca Santana)*

The differences in treatment and opportunities that Bianca Santana describes above can be seen as an aspect of privilege. Having a chance to dial a racial identity up or down, depending on not only convenience but often survival, is an advantage. And when it involves a survival mechanism in the face of white supremacy, it is not quite the same as dialing up a non-existent marginalized racial identity as entertainment – as is the case of cultural appropriation. Therefore, this issue is not binary – Black or white, privileged or not-privileged. We can simply acknowledge there

soa é capaz ou está disposta a ir, informa o nível de passabilidade e privilégio de alguém.

> *"Colorismo significa, de maneira simplificada, que as discriminações dependem também do tom da pele, da pigmentação de uma pessoa. Mesmo entre pessoas negras ou afrodescendentes, há diferenças no tratamento, vivências e oportunidades, a depender do quão escura é sua pele." (Bianca Santana)*

As diferenças de tratamento e oportunidades que Santana descreveu acima podem ser vistas como um aspecto do privilégio. Ter a opção de exaltar ou atenuar uma identidade racial, com base não só em conveniência, mas também sobrevivência, é uma vantagem. E quando envolve um mecanismo de sobrevivência em face da Supremacia Branca, não é o mesmo que adotar uma identidade racial marginalizada como entretenimento — como é no caso da apropriação cultural. Portanto, esse problema deixa de ser binário — preto ou branco, privilegiado ou não privilegiado. Podemos simplesmente reconhecer que há uma ampla variedade de experiências, abordagens em relação à identidade e escolhas pessoais. A escolha de acessar a ancestralidade africana espiritualmente, por meio das religiões brasileiras da diáspora africana, é minar a estrutura social que recompensa marginalmente aqueles que se curvam aos valores da Supremacia Branca.

> *"A umbanda, assim como o candomblé, é uma religião de origem africana. E, considerando a suposição da raça negra e do racismo, é o alvo, ou melhor, o inimigo do fascismo. Qualquer trabalho que busque valorizar a ancestralidade pode ser de grande importância para o fortalecimento da luta contra o fascismo, na medida em*

is a wide range of experiences, approaches toward identity, and personal choices. The choice to access African *ancestralidade* spiritually, through Brazilian religions of the African Diaspora, is to undermine the societal structure which marginally rewards those who bow to White Supremacist values.

> *"Umbanda, like Candomblé, is a religion of African origin. And, considering the assumption of the black race and racism, it is the target, or rather, the enemy of fascism. Any work that seeks to value ancestrality can be of great importance for strengthening the fight against fascism insofar as it does not induce the hierarchy of cultural values over the other. Self-respecting work must denounce the historical processes in which there was an attempt to eliminate or discriminate against the other in their cultural existence."*
> *(Karina Ramos)*

Part II: Capitalism, Fascism And White Supremacy

A nation that commits genocide within the rhetoric of a superior race and national identity is fascist. Such a state not only seeks to exterminate a specific contingent of its own population, but it also seeks to expand its borders through the extermination of others. This is clear when analyzing Nazi Germany's fascist approach towards German Jews (in Germany). Same can be said about Mussolini's later approach towards Italian Jews (in Italy) and any Slavic peoples between Italy and Austria (Yugoslavia, and the several Slavic identities within it). Fascism is an operation that aims to consume the whole world and to irreversibly alter the course of humanity.

que não induza à hierarquia de valores culturais sobre os outros. O trabalho que se preze deve denunciar os processos históricos em que houve uma tentativa de eliminar ou discriminar o outro em sua existência cultural." (Karina Ramos, Chefe de Cozinha e doutoranda em História, especialista em Alimentação Angolana.)

Parte II: Capitalismo, Fascismo e Supremacia Branca

Uma nação que comete genocídio através da retórica de uma raça superior e identidade nacional é fascista. Tal Estado não busca apenas exterminar um contingente específico de sua própria população, mas também visa expandir suas fronteiras por meio do extermínio de outros. Isso fica claro quando se analisa a abordagem fascista da Alemanha nazista em relação aos judeus alemães (na Alemanha), bem como ao povo polonês (na Polônia). O mesmo pode ser dito sobre a abordagem de Mussolini em relação aos judeus italianos (na Itália) e quaisquer povos eslavos entre a Itália e a Áustria (Iugoslávia, e as várias identidades eslavas dentro dela). O fascismo é uma operação que visa consumir o mundo inteiro e alterar irreversivelmente o curso da humanidade.

"O fascismo é a burguesia em sua forma mais selvagem. [...] A luta anticapitalista fere o ponto central do fascismo e da burguesia, que é cegar a população para sua própria condição de classe, ao mesmo tempo em que aponta as diferenças que existem dentro de um único povo, com inúmeros grupos étnicos e religiosos que não precisam conviver com a ideia de uma 'massa

> *"Fascism is the bourgeoisie in its most savage form. [...] The anti-capitalist struggle hurts the central point of fascism and the bourgeoisie, which is to blind the population to its own class condition, while pointing to the differences that exist within a single people, with countless ethnic and religious groups who do not need to live with the idea of a "uniform mass" which fascism preaches."*
> *(Ana Botner)*

Capitalism is not fascism, because it often needs people alive to work. In other words, exploitation for profit is not fascism. That in no way is a measure of cruelty, just of terminology. What they have in common is that both use white supremacy and nationalism as tools. And these tools are effective because they can provide justification for both exploitation and mass murder.

Fascism is further away from the Brazilian milieu than capitalism. It was created and developed within a specific European landscape, in a particular period in time. Capitalism, on the other hand, as it 'developed' from colonialism, is not only thriving in this landscape, it has historically relied on countries like Brazil (colonized) to establish itself as a global ideology. Many people believe the need to re-contextualize fascism in order to make it fit in the Brazilian context points to how the concept has been mischaracterized, which distracts from issues that apply uniquely to us. Meanwhile, others find it necessary to frame the evolution of colonial violence in Brazil as such to convey in universal terms the scope of the violence we endure.

> *"Fascism is an authoritarian political movement created in the 1920s that is based on the prevalence of ideas of race and nation over individual freedoms. In Brazil, it is an anachronistic reinterpretation of a historical event that manifests itself in every fun-*

uniforme' que o fascismo prega."
(Ana Botner, Teórica Política, mem-
bro da Plataforma9)

O capitalismo não é fascismo, porque, muitas vezes, precisa de pessoas vivas para trabalhar. Em outras palavras, explorar com fins lucrativos não é fascismo. Isso de forma alguma é uma medida de crueldade, apenas de terminologia. O que eles têm em comum é que ambos usam a Supremacia Branca e o Nacionalismo como ferramentas. E essas ferramentas são eficazes porque podem fornecer justificativa tanto para a exploração quanto para o assassinato em massa.

O fascismo está mais longe do paradigma brasileiro do que o capitalismo. Foi criado e desenvolvido numa paisagem europeia específica, num determinado período no tempo. O capitalismo, por outro lado, à medida que "se desenvolveu" a partir do colonialismo, não está apenas prosperando nessa paisagem, ele tem dependido historicamente de países colonizados (como o Brasil) para se estabelecer como uma ideologia global. Muitas pessoas acreditam que a necessidade de adaptar o fascismo para que se encaixe no contexto brasileiro aponta para a forma como o conceito foi descaracterizado, o que nos desvia de questões que se aplicam exclusivamente a nós. Enquanto isso, outros acreditam que seja necessário enquadrar a evolução da violência colonial no Brasil como tal para transmitir em termos universais o alcance da violência que sofremos.

"O fascismo é um movimento político autoritário criado na década de 1920 que se baseia na prevalência de ideias de raça e nação sobre as liberdades individuais. No Brasil, é uma releitura anacrônica de um acontecimento histórico que se manifesta em toda atitude fundamentalmente violenta e autoritária que busca eliminar toda e qualquer manifestação de existência que

damentally violent and authoritarian attitude that seeks to eliminate any and all manifestations of existence other than hegemonic ones. Radical religious movements, xenophobia, racism and misogyny that carry this preponderant violence against the other, for example, can be read as descendants of a fascist ethos."
(Karina Ramos)

Applying the concept of fascism to the Brazilian context is described as anachronism because the violence it refers to comes from much before the rise of fascism in Europe. Overall, Brazilian fascism is not directed at Jews, Slavs and so on, although there have been movements directly inspired by Mussolini – such as the 1930s *Integralista* party.

"In Brazil, fascism has an explicit heritage and legacy that connects it to the Integralista movement of the 1930s. However, its survival and forms of reinvention cross personalities (from the controversial Getúlio Vargas to Filinto Muller and Brilhante Ustra) and institutions (especially religious, police and military) that reconnects it to the radical youth subcultures and gerontocratic male fraternities [...]."
(Cassio Brancaleone)

Integralistas centered their politics on anti-semitism and anti-communism but disappeared that same decade after unsuccessfully attempting a coup against the Vargas dictatorship, which, as Brancaleone points out, existed ideologically in parallel rather than in opposition to fascism. Moreover, Brazilian fascism does not focus much on land disputes with other coun-

não seja hegemônica. Movimentos religiosos radicais, xenofobia, racismo e misoginia que carregam essa violência preponderante contra o outro, por exemplo, podem ser lidos como descendentes de um ethos fascista." (Karina Ramos)

Aplicar o conceito de fascismo ao contexto brasileiro é descrito como anacronismo porque a violência a que se refere vem de muito antes do surgimento do fascismo na Europa. De maneira geral, o fascismo brasileiro não é dirigido a judeus, eslavos e assim por diante, embora tenha havido movimentos inspirados diretamente por Mussolini — como o partido Integralista dos anos 30.

> *"No Brasil, o fascismo possui uma herança e um legado explícitos que o conecta ao movimento integralista dos anos 1930. Entretanto, sua sobrevivência e formas de reinvenção atravessam personalidades (do controverso Getúlio Vargas a Filinto Muller e Brilhante Ustra) e instituições (especialmente as religiosas, policiais e militares) que o reconecta às subculturas radicais juvenis e fraternidades masculinas gerontocráticas".* (Cassio Brancaleone, professor de sociologia da UFFS e pesquisador do Grupo de Pesquisa em Anticapitalismos e Sociabilidades Emergentes)

Os integralistas centraram sua política no antissemitismo e no anticomunismo, mas desapareceram naquela mesma década após uma tentativa sem sucesso de um golpe contra a ditadura de Vargas, que, como Brancaleone aponta, existia ideologicamente em paralelo e não em oposição ao fascismo. Além disso, o fascismo brasileiro não se concentra em disputas de terra com outros

tries. Does that mean it is not, then, actual fascism?

For half a millennium, the Western occupation of this territory has led to the genocide of Indigenous peoples. Even after all these years, the occupation of the Amazon Rainforest is still a priority over moving on to other countries due to its sheer size. The annihilation of Indigenous peoples in Brazil has been happening for so long, across such a massive area, that new methods are constantly being tested – a cruel game of looking for the most effortless way to exterminate Indigenous people.

A modern and effective tool for genocide has been, for instance, to sell land to an industry that poisons river waters or drastically affects the fauna of a certain area. Once capitalist expansion makes it impossible for a certain Indigenous community to continue living off the land, its members are forced to enter the urban workforce to survive. Entering the workforce means going to school, using cellphones and so on, which will likely entice a white-passing Brazilian somewhere to say, "You can't be Indigenous if you have a phone." Unfortunately, this method of erasure works, and we call it *epistemicídio* (epistemic genocide). *Epistemicídio* is the genocide of identities (ancestral knowledge, culture, language, and so on) through forced assimilation into white Western society. Forced assimilation has become so rooted in the Brazilian psyche that we come to fantasize about not only assimilation but also miscegenation. Assimilating can mean the ability to marry someone whiter, and to have mixed race children that not only will assimilate more easily but will also contribute to making the Brazilian 'race' a little 'purer.'

The Brazilian re-contextualization of fascism within the sociological landscape of assimilation, miscegenation, and *epistemicídio* is where many people give up on staying attached to the European concept. We are supposedly given a chance to survive extermination, which introduces fascist white nationalism to the capitalist myth of meritocratic racial democracy. In other

países. Isso, então, significa que não é fascismo realmente?

Por meio milênio, a ocupação ocidental desse território levou ao genocídio dos povos indígenas. Mesmo depois de todos esses anos, ocupar a Floresta Amazônica ainda é uma prioridade em relação ao deslocamento para outros países devido ao seu tamanho. A aniquilação dos povos indígenas no Brasil vem acontecendo há tanto tempo, em uma área tão vasta, que novos métodos são constantemente testados — um jogo cruel de tentar encontrar um método para exterminação de esforço mínimo.

Uma ferramenta moderna e eficaz para o genocídio tem sido, por exemplo, vender terras para uma indústria que envenena as águas dos rios ou afeta drasticamente a fauna de uma determinada área. Uma vez que a expansão capitalista impossibilita uma determinada comunidade indígena de continuar vivendo da terra, seus membros são forçados a se inserir na força de trabalho urbana para sobreviver. Entrar no mercado de trabalho significa ir à escola, usar celulares e assim por diante, o que provavelmente atrairá um brasileiro de passabilidade branca em algum lugar a dizer: "Você não pode ser indígena se usa celular". Infelizmente, esse método de apagamento funciona, e nós o chamamos de epistemicídio.

Epistemicídio é o genocídio de identidades (conhecimento ancestral, cultura, linguagem e assim por diante) por meio da assimilação forçada à sociedade branca ocidental. A assimilação forçada tornou-se tão enraizada na psique brasileira que passamos a fantasiar não apenas com a assimilação, mas também com a miscigenação. Assimilar muitas vezes significa poder se casar com alguém mais branco, e ter filhos mestiços que não só serão assimilados com mais facilidade, mas também contribuirão para tornar a 'raça' brasileira um pouco mais 'pura'.

A recontextualização brasileira do fascismo dentro da paisagem sociológica da assimilação, miscigenação e epistemicídio é onde

words, if we abandon our 'past' selves, and accept the West into our hearts, we may, perhaps, be spared a life of damnation.

The concept of racial democracy was birthed in Brazil as a response to a sociological comparison with race relations of the early 20th century United States. We did not have formal Segregation, which was perceived as racially discriminatory, leading to the false conclusion that we do not have racial discrimination. Being mixed-race does not stop anyone from attempting to adopt the White aesthetic – which includes language and demeanor. In fact, it is encouraged, especially within a social framework where the terms "racial democracy" and "mongrel complex" are a thing.

Meritocracy powered by the illusion of escaping racism through the embracing of a White aesthetic is particularly cruel. Successfully assimilating and entering the workforce depend on bankrupt public resources, such as education, health, and general infrastructure. Most importantly, there is no interest in investing in these resources because, to the capitalist system, Brazil has an excess of people. This means that a large part of the population is not needed as a workforce, making them subject to, once again, extermination. And, as discussed earlier, the section of the Brazilian population least likely to assimilate and most likely to remain poor as a result is Black.

Part III: The White Aesthetic

Was it unfair to apolitical 'amateur historians' when Nazi paraphernalia was banned on eBay? One thing fascism and antifascism have in common is that they are often approached through symbolism and aesthetics. We debate whether white people should be allowed to have dreads, do 'black face,' wear Indigenous costumes, or own swastika pendants and coins. Meanwhile, we stock up on antifa pins, patches, and hoodies to be as easily identifiable to our allies as we hope our enemies to be to

muitos desistem de se apegar ao conceito europeu. Supostamente, temos a chance de sobreviver ao extermínio, o que apresenta o nacionalismo branco fascista ao mito capitalista da democracia racial meritocrática. Em outras palavras, se abandonarmos nosso "passado selvagem" e aceitarmos o Ocidente em nossos corações, podemos, talvez, ser poupados de uma vida condenada.

O conceito de democracia racial nasceu no Brasil em resposta a uma comparação sociológica com as relações raciais dos Estados Unidos do início do século XX. Não tivemos Segregação, que foi percebida como racialmente discriminatória, levando à falsa conclusão de que, portanto, não temos discriminação racial. Ser mestiço não impede ninguém de tentar adotar a estética branca — que inclui linguagem e comportamento. Na verdade, é um incentivo, especialmente dentro de uma estrutura social onde os termos "democracia racial" e "complexo de vira-lata" existem.

A meritocracia alimentada pela ilusão de escapar do racismo por meio da adoção de uma estética branca é particularmente cruel. Assimilar e ingressar bem-sucedidamente na força de trabalho dependem de recursos públicos falidos, como educação, saúde e infraestrutura em geral. E o mais importante, não há interesse em investir nesses recursos porque, para o sistema capitalista, o Brasil tem um 'excesso' de gente. Ou seja, um vasto contingente da população é desnecessário como força de trabalho, tornando-os sujeitos, mais uma vez, ao extermínio. E, como discutido anteriormente, a porção da população brasileira com menos possibilidade de assimilação, e com maior probabilidade de permanecer pobre como resultado, é a preta.

Parte III: A Estética Branca

Será que foi injusto para "historiadores amadores" apolíticos quando parafernálias nazistas foram proibidas de serem vendidas no eBay? Uma coisa que o fascismo e o antifascismo têm em comum é que muitas vezes são abordados por meio do sim-

antifascists.

In June 2020, a "flag generator" made it possible for people to personalize the antifa logo and share it online; all sorts of people made it their profile picture. In an instant, criticism came from all sides and debate erupted on Brazilian social media. Some thought it trivialized the antifa movement, because it should mean more than just an online identity. Others felt the opposite, that it boosted an already trivial thing. Certainly, there is a paradox between the desire to expose an antifa 'affiliation' online, symbolic as it may be, and the fact that some of the most useful aspects of the movement's work relies on true identities being kept secret.

Nevertheless, an online form of protest made sense as a response to the list of antifascists circulating on WhatsApp and threatening doxxing and exposure that same week. It's unknown by whom and to what end this list was made, but it did coincide with a wave of protests in the United States. On the 31st of May, *Reuters* reported that President Trump responded to the rise of Black Lives Matter protests by designating "Antifa as [a] terrorist organization." The next day the Brazilian Chamber of Deputies was presented with a request to amend the "Antiterrorism Law No. 13,260, of March 16, 2016, in order to classify "antifa" (antifascist) groups as terrorist organizations."

A trusted comrade forwarded me the 999-page PDF document on WhatsApp. This PDF included addresses, document numbers, shops, bars, football teams, photos, and detailed descriptions of where various antifascists worked and hung out. The individuals were exposed mostly because of their online presence – "[This person] follows several Antifascist [Facebook] pages" is mentioned as an observation more than 750 times. But aesthetic features on their profiles were also used as evidence, such as "tattoos, piercings, etc."

bolismo e da estética. Discutimos se os brancos deveriam ter permissão para usar dreads, "black face", fantasias de indígenas, ou possuir pingentes e moedas com suásticas. Enquanto isso, colecionamos adesivos e moletons com o logo Antifa para sermos tão facilmente identificáveis quanto esperamos que nossos inimigos sejam.

Em junho de 2020, um "gerador de bandeiras" possibilitou que pessoas personalizassem o logotipo do movimento Antifa e o compartilhassem online; todos os tipos de pessoas fizeram dela sua foto de perfil. Num instante, as críticas vieram de todos os lados e o debate irrompeu nas redes sociais brasileiras. Alguns achavam que isso banalizava o movimento Antifa, porque ele deveria significar mais do que apenas uma postagem online. Outros achavam o contrário, que tentava elevar uma coisa já trivial. Certamente, há um paradoxo entre o desejo de expor uma 'afiliação' Antifa online, por mais simbólica que seja, e o fato de que alguns dos aspectos mais úteis do trabalho do movimento dependem da anonímia.

No entanto, uma forma online de protesto fez sentido em resposta à lista de antifascistas que circulava no WhatsApp naquela mesma semana. Não se sabe por quem e com que finalidade essa lista foi feita, mas ela coincidiu com uma onda de protestos nos Estados Unidos. No dia 31 de maio, a Reuters relata que o presidente Trump respondeu ao início dos protestos Black Lives Matter designando "Antifa como [uma] organização terrorista". No dia seguinte, 1º de junho, a Câmara dos Deputados brasileira é apresentada com um pedido de alteração da "Lei Antiterrorismo nº 13.260, de 16 de março de 2016, a fim de classificar os grupos "Antifa" (antifascistas) como organizações terroristas". Finalmente, 4 de junho, um camarada de confiança me encaminha o documento PDF de 999 páginas no WhatsApp.

Esse PDF incluía endereços, números de documentos, lojas, bares, times de futebol, fotos e descrições detalhadas de onde

In São Paulo, which was mentioned at least once on each page of this document, aesthetics can be a matter of life and death. If you are a skinhead wearing suspenders and docs, anarcopunks are not going to spend one second giving you the benefit of the doubt. The weight this symbolism has in Brazilian antifascist movements can be seen as hypocritical: they adhere to the standards of white antifascists in northern countries.

The visual artist Lanussi Pasquali runs an open studio in Salvador that, among other things, offers risograph printing at cost to antiracist, antifascist, and intersectional anarchist groups. She describes the politics of imagery as such:

"Art is the exercise of freedom, so it is
always political and antifascist. Or it is
not art. I try to be like this... Ethics and
aesthetics. [...]

[An] industry cannot produce art...
it produces consumers. Art is a place,
a state, a way of life that does not seek
consumers; Art is never close to fas-
cism, because it produces freedoms,
multiplicities. Even if fascists try to
use it, its purpose will not be achieved!
Otherwise, it's not art, it's entertain-
ment."

Are we enthralled by the antifascist movement? Or are we trying to come to terms with our own traumas, and to ensure our children are not massacred the same way our ancestors were? As Lanussi would ask – is the militancy entertainment, or is it art?

Part IV: Conclusion

When I discuss aspects of Brazilian identity with *gringos* (specif-

as pessoas trabalhavam e frequentavam. Os indivíduos foram expostos principalmente por causa de suas presenças online — "[Esta pessoa] segue várias páginas Antifascistas [no Facebook]" é mencionado mais de 750 vezes. Características estéticas em seus perfis também foram usadas como evidência — "tatuagens, piercings, etc."

No estado de São Paulo, que foi citado pelo menos uma vez em cada página desse documento, a estética pode ser uma questão de vida ou morte. Se você é um skinhead que usa suspensórios e Dr. Martens, Anarcopunks não vão desperdiçar um segundo pensando se você é um inimigo ou não. O peso do simbolismo no movimento antifascista brasileiro, a mensagem subjacente, é apontar a hipocrisia por trás de uma luta contra a Supremacia Branca que adere à estética de pessoas brancas em países ocidentais, do Norte.

A artista plástica Lanussi Pasquali dirige um ateliê aberto em Salvador que, entre outras coisas, oferece impressão em risografia para grupos antirracistas, antifascistas e anarquistas interseccionais. Ela descreve a política imagética como tal:

> *"A arte é o exercício da liberdade, por isso é sempre política e antifascista. Ou não é arte. Tento ser assim... Ética e estética. [...]*

> *[Uma] indústria não pode produzir arte... produz consumidores. A arte é um lugar, um estado, um modo de vida que não busca consumidores; A arte nunca se aproxima do fascismo, porque produz liberdades, multiplicidades. Mesmo que os fascistas tentem usá-la, seu propósito não será alcançado! A não ser que não seja arte, seja entretenimento."*

ically Western Europeans and Non-Mexican North Americans), it often happens that I am asked for academic sources that back my statements. There are many. Some of which are disturbing theories and myths, such as those from the sociologist Gilberto Freyre, a thinker commonly associated with the idea of racial democracy. Others are marvelous Indigenous-centric fiction and political theory, like Ailton Krenak. And most are neither marvelous nor disturbing, just academic, like the Portuguese professor Boaventura de Souza Santos, who coined the term *epistemicídio*. But as I said before, there is knowledge you cannot get from books.

Long before I found the words to describe these ideas about Brazilian history, identity, and racism, I saw and felt them everywhere: in my family, my home, at school, on the streets. Growing up light-skinned and middle-class in São Paulo, for instance, inevitably exposed me to glaring class disparities. One moment I was at a playdate with a blue-eyed girl who lived in a mansion with a tennis court and a swimming pool. Later, I was going home by bus, seeing Black children sleeping on flat cardboard boxes on the sidewalk. If I did not feel anguish knowing there was no excuse for letting families live homeless and in hunger while others luxuriate, I would not have searched for literature, papers, and thinkers that discuss these ideas; capitalism, fascism and white supremacy. But this research presents a paradox. Must I delve into Western theory to overcome forced Westernization? Perhaps there is a Western solution to the Western problem. Perhaps not. But one thing is for sure, the extermination of human beings must end once and for all, alongside whichever malicious methods may be employed for this purpose.

In the end, it doesn't matter if the issue of fascism is being addressed by self-proclaimed antifa or not. What *gringos* can offer Brazilians through the antifascist movement depends heavily on the approach each one has toward the political conditions at hand, and its complexity and uniqueness. Is the resistance just

Será que estamos sendo meramente entretidos pelo movimento antifascista? Ou estamos tentando lidar com nossos traumas para garantir que nossos filhos e filhas não sejam massacrados da mesma forma que nossos ancestrais foram? Como perguntaria Lanussi — a militância é entretenimento ou é arte?

Parte IV: Conclusão

Quando discuto esses aspectos da identidade brasileira com gringos (especificamente europeus ocidentais e norte-americanos não mexicanos), muitas vezes me pedem fontes acadêmicas que apoiem essas afirmações. Existem muitas. Algumas delas são teorias e mitos perturbadores, como os do sociólogo Gilberto Freyre, o pensador comumente associado ao conceito de democracia racial. Outros são maravilhosos tanto na ficção indígena quanto na teoria política, como Ailton Krenak. E a maioria não é nem maravilhosa nem perturbadora, é apenas acadêmica, como o professor português Boaventura de Souza Santos, que cunhou o termo epistemicídio. Mas, como eu disse antes, há conhecimento que não se pode obter de livros, ou provar que possui com credenciais acadêmicas.

Muito antes de encontrar palavras para descrever essas ideias sobre a história, identidade e racismo do Brasil, eu as sentia e via por toda parte — Na minha família, em casa, na escola, nas ruas... Crescer com pele clara e de classe média em São Paulo, por exemplo, inevitavelmente me expôs a disparidades sociais extremas. Uma hora eu estava com uma garota de olhos azuis que morava numa mansão com quadra de tênis e piscina. Momentos depois, eu estava voltando para casa de ônibus, vendo crianças negras dormindo em caixas de papelão na calçada passando pela janela. Se eu não sentisse angústia por saber que não há desculpa para deixar famílias viverem sem teto e com fome enquanto outras luxuriam, não teria procurado literatura, jornais e pensadores que discutem essas ideias — capitalismo, fascismo e supremacia branca.

another extension of Western dominance through its monopoly on behavior, discourse, and aesthetics – entertainment? Or is it a source of information, inspiration, and solidarity – art?

Mas essa pesquisa é um paradoxo. Devo me aprofundar na teoria ocidental para superar a ocidentalização forçada? Talvez haja uma solução ocidental para o problema ocidental. Talvez não. Mas uma coisa é certa, o extermínio de seres humanos deve acabar de uma vez por todas, ao lado de quaisquer métodos maliciosos que possam ser empregados para esse fim hoje em dia.

No final das contas, não importa se essa infecção que alguns chamam de fascismo está sendo tratada pela autoproclamada Antifa ou não. O que os gringos podem oferecer aos brasileiros por meio do movimento Antifascista depende da abordagem que cada um tem da condição política em questão e de sua complexidade. Será que a Resistência é apenas mais uma extensão do domínio ocidental por meio de seu monopólio de comportamento, discurso e estética — entretenimento? Ou é uma fonte de informação, inspiração e solidariedade — arte?

References

A. J. R. Russell-Wood, "Women and Society in Colonial Brazil," Journal of Latin American Studies 9, no. 1 (maio 1977): 1-34.

Bianca Santana, "Quem é mulher negra no Brasil? Colorismo e o mito da democracia racial," Revista Cult, maio 8, 2018. Santana is also the author of the book Quando Me Descobri Negra ('When I Discovered Myself as Black').

Carla Akotirene, Interseccionalidade (São Paulo: Pólen, 2019).

Djamila Ribeiro, O Que É Lugar de Fala (Belo Horizonte: Letramento, 2017).

Djamila Ribeiro, Pequeno Manual Antirracista (Rio de Janeiro: Companhia das Letras, 2019).

Gabriel Alves, "Estudo com 1.200 genomas mapeia diversidade da população brasileira," Folha de S. Paulo, modificado setembro 23, 2020, https://www1.folha.uol.com.br.

Gerador De Bandeira Antifascista ('Antifa-Flag Generator'): https://felipealencar.github.io/antifascismo/gerador-bandeira/

Giovana Fleck, "So-called anti-fascist files in Brazil expose the personal information of hundreds of people," GlobalVoices, julho 14, 2020, https://globalvoices.org.

Janice Cristine Thiél, Pele Silenciosa, Pele Sonora: A Construção Da Identidade Indígena Brasileira E Norte-americana Na Literatura (Curitiba: Universidade Federal do Paraná, 2006).

Justin R. Bucciferro, "A Forced Hand: Natives, Africans,

Referências

A. J. R. Russell-Wood, "Women and Society in Colonial Brazil," Journal of Latin American Studies 9, no. 1 (maio 1977): 1-34.

Bianca Santana, "Quem é mulher negra no Brasil? Colorismo e o mito da democracia racial," Revista Cult, maio 8, 2018. Santana is also the author of the book Quando Me Descobri Negra ('When I Discovered Myself as Black').

Carla Akotirene, Interseccionalidade (São Paulo: Pólen, 2019).

Djamila Ribeiro, O Que É Lugar de Fala (Belo Horizonte: Letramento, 2017).

Djamila Ribeiro, Pequeno Manual Antirracista (Rio de Janeiro: Companhia das Letras, 2019).

Gabriel Alves, "Estudo com 1.200 genomas mapeia diversidade da população brasileira," Folha de S. Paulo, modificado setembro 23, 2020, https://www1.folha.uol.com.br.

Gerador De Bandeira Antifascista ('Antifa-Flag Generator'): https://felipealencar.github.io/antifascismo/gerador-bandeira/

Giovana Fleck, "So-called anti-fascist files in Brazil expose the personal information of hundreds of people," GlobalVoices, julho 14, 2020, https://globalvoices.org.

Janice Cristine Thiél, Pele Silenciosa, Pele Sonora: A Construção Da Identidade Indígena Brasileira E Norte-americana Na Literatura (Curitiba: Universidade Federal do Paraná, 2006).

Justin R. Bucciferro, "A Forced Hand: Natives, Africans, And The Population Of Brazil, 1545-1850*," Journal of

And The Population Of Brazil, 1545-1850*," Journal of Iberian and Latin American Economic History 31, no. 2, (Universidad Carlos III de Madrid, May 2013): 285-317.

Katiúscia Ribeiro, "Mulheres negras e a força matricomunitária," Revista Cult 254, February 2020, 38-40.

Lisa Guernsey, "Ban on Nazi Items Upsets Collectors," The New York Times, maio 10, 2001.

Marcel Heusinger, "Practical Challenges of Sustainable Human Development: Community-driven Development as Response," Human Development and Capability Association's Annual International Conference: 'Human Development: Vulnerability, Inclusion and Wellbeing' (Managua, 2013).

Marcus Rediker, "History from below the water line: Sharks and the Atlantic slave trade," Atlantic Studies 5, no. 2 (agosto 2008): 285-297.

Mark Bray, ANTIFA O Manual Antifascista (São Paulo: Autonomia Literária, 2019).

Mark Bray, ANTIFA The Anti-Fascist Handbook (London: Melville House, 2017).

Projeto de Lei PL 3019/2020, Portal da Câmara dos Deputados, dezembro 11, 2020, https://www.camara.leg.br.

Reuters Staff, "Amid protests, Trump says he will designate Antifa as terrorist organization," Reuters, maio 31, 2020.

Russell-Wood, "Women and Society in Colonial Brazil".

slavevoyages, "Tráfico Transatlântico de Escravos," slavevoyages, https://www.slavevoyages.org/assessment/estimates.

Iberian and Latin American Economic History 31, no. 2, (Universidad Carlos III de Madrid, May 2013): 285-317.

Katiúscia Ribeiro, "Mulheres negras e a força matricomunitária," Revista Cult 254, February 2020, 38-40.

Lisa Guernsey, "Ban on Nazi Items Upsets Collectors," The New York Times, maio 10, 2001.

Marcel Heusinger, "Practical Challenges of Sustainable Human Development: Community-driven Development as Response," Human Development and Capability Association's Annual International Conference: 'Human Development: Vulnerability, Inclusion and Wellbeing' (Managua, 2013)

Marcus Rediker, "History from below the water line: Sharks and the Atlantic slave trade," Atlantic Studies 5, no. 2 (agosto 2008): 285-297.

Mark Bray, ANTIFA O Manual Antifascista (São Paulo: Autonomia Literária, 2019).

Mark Bray, ANTIFA The Anti-Fascist Handbook (London: Melville House, 2017).

Projeto de Lei PL 3019/2020, Portal da Câmara dos Deputados, dezembro 11, 2020, https://www.camara.leg.br.

Reuters Staff, "Amid protests, Trump says he will designate Antifa as terrorist organization," Reuters, maio 31, 2020.

Russell-Wood, "Women and Society in Colonial Brazil".

slavevoyages, "Tráfico Transatlântico de Escravos," slavevoyages, https://www.slavevoyages.org/assessment/estimates.

Mirna Wabi-Sabi

Virtual Vandalism and the Dispute Against Leftists

In June 2020, shortly after the attempt to criminalize antifascist movements in the USA and Brazil, a secret group was created on Facebook with the aim of mocking and harassing leftists. Despite not considering myself a leftist or posting content in defense of leftist political parties, I was targeted by them in December. My participation in a group of vegetarian and vegan recipes was enough, which goes against the values of entrepreneurial freedom and 'sustainable exploitation' of the livestock industry that the members of the mockery group proclaim. Despite appearing childish and harmless, the group has a clear purpose of destabilizing emotionally, opening legal processes, and intimidating its targets to withdraw from the virtual public sphere. I know this because I infiltrated, observed, and contacted other people who were affected by this self-proclaimed digital militia.

I have been in several vegan and vegetarian groups on Facebook for years. For the first time, I started to 'attend' one that was 'public.' On the second day, I realized that all the posts and comments had hundreds of "haha" reactions. Eventually the comments included pictures of meat, I started receiving private messages with photos of Bolsonaro eating barbecue, and other members received hostile comments against religious expressions of African origin. It was only when they moved to my personal profile that they managed to grab my attention. A public post about the death of a writer and poet with whom I worked received more than 50 'laughing' reactions. Her family was tagged on the post, and my heart sank with the idea that they saw so many of these notifications at such a delicate time.

Other members of the vegetarian recipe group chose to withdraw from the public sphere, making their profiles visible only to 'friends,' and closing the group. As a writer and public figure, this option would have had negative professional repercussions,

O vandalismo virtual e a disputa contra 'esquerdistas'

Em junho de 2020, logo depois da tentativa de criminalização de movimentos antifascistas, um grupo secreto foi criado no Facebook com o intuito de constranger e zombar de 'esquerdistas.' Apesar de não me considerar de esquerda, ou postar conteúdo em defesa de partidos associados à ideologia, como PT e PSOL, fui alvo deles em dezembro. Bastou minha participação num grupo de receitas vegetarianas e veganas, que é contra os valores de liberdade empresarial e de 'exploração sustentável' do agronegócio que os membros do grupo de chacota proclamam. Apesar de parecer infantil e inofensivo, o grupo tem um propósito claro de desestabilizar emocionalmente, abrir processos jurídicos e intimidar seus alvos a se retirarem da esfera pública virtual. Sei disso porque me infiltrei, observei e contatei outras pessoas que foram alvos desta autodenominada milícia digital.

Faço parte de diversos grupos veganos e vegetarianos no Facebook há anos. Pela primeira vez comecei a 'frequentar' um que era público. No segundo dia, percebi que todos os posts e comentários estavam com centenas de reações de risadas. Eventualmente, os comentários incluíam fotos de carne, comecei a receber mensagens privadas de fotos do Bolsonaro em que comia churrasco, e membros receberam comentários hostis contra expressões religiosas de matriz africana. Foi apenas quando acessaram meu perfil pessoal que conseguiram chamar minha atenção. Um post público sobre a morte de uma escritora e poetisa com quem eu trabalhava recebeu mais de 50 reações de risada. A família dela estava marcada na postagem, e meu coração pesou com a ideia de que eles viram tantas destas notificações num momento tão delicado.

Outros membros do grupo de receita vegetariana optaram por se retirar da esfera pública, ao colocar seus perfis visíveis apenas para 'amigos,' além de optarem por fechar o grupo. Como escri-

and I did not believe that this would be a solution. Facebook's attendants suggested the same — "Report accounts and close your profile." For 3 days, I reported about 500 accounts, and more kept showing up. They found my professional page, started attacking people with whom I work and friends who happened to share my work — it was a contagious tribulation.

Facebook

The dispute I entered was not instigated by divergent partisan affiliations, but by the threat to the integrity of my existence in the public sphere. It was as if a group of people had traveled a good distance with the sole intention of getting close to me and damaging my belongings. As a Facebook customer, I pay to promote content on the platform, and that means I can contact attendants directly in a situation such as this. When they told me that the solution was to withdraw from the public sphere, it was as if the people I paid to maintain a public square told me that I should simply stop attending if I do not wish to suffer physical or moral damage. The dispute, in addition to being ideological, was about my right to exist in public without having my belongings vandalized, or my psychological well-being threatened.

After contacting attendants half a dozen times trying to report what happened, or at least to find out where these people were organizing, I was not confident that the attendants I was talking to worked for Facebook. Several recently published articles reveal that the corporation outsources and saves money in one of the most crucial areas of its maintenance — the safety and well-being of its users. They certainly also do not care about the well-being of these outsourced employees. Facebook content moderators deal with violence of unimaginable magnitude on a daily basis; things much worse than what these bullies from the mockery group were doing to me and my colleagues. In all varieties and levels of moral damage and traumatic imagery, there is no doubt that the resources to deal with them are available, with

tora e figura pública, essa opção teria repercussões profissionais graves, e não acreditei que essa seria uma solução. Atendentes do Facebook sugeriram o mesmo — "Denuncie as contas, e feche seu perfil." Durante 3 dias, denunciei por volta de 500 contas, e mais continuavam aparecendo. Acharam minha página profissional, começaram a atacar pessoas com quem eu trabalho, e amigas(os) que por acaso compartilharam minhas produções — foi uma tribulação contagiosa.

O Facebook

A disputa na qual entrei não foi instigada por divergências partidárias, e sim pela ameaça à integridade da minha existência na esfera pública. Foi como um grupo ter se deslocado uma boa distância com o único intuito de chegar perto de mim e danificar meus pertences. Como cliente do Facebook, pago para divulgar conteúdo na plataforma, e isso significa que posso contatar atendentes diretamente numa situação como essa. Quando eles me falam que a solução era me retirar dessa esfera, foi como se as pessoas que eu pago para manter uma praça pública me falassem que eu devo simplesmente parar de frequentá-la, caso eu não queira sofrer ainda mais danos físicos ou morais. A disputa, para além de ideológica, foi sobre meu direito de existir em público sem ter meus pertences vandalizados, ou meu psicológico agredido.

Após entrar em contato com atendentes meia dúzia de vezes para denunciar o acontecido, ou pelo menos para descobrir onde essas pessoas estavam se organizando, não tive confiança de que essas pessoas realmente trabalhavam para o Facebook. Diversos artigos publicados recentemente revelam que a corporação terceiriza e economiza em uma das áreas mais cruciais de sua manutenção: a segurança e o bem-estar de seus usuários. Certamente também não se preocupam com o bem-estar destes empregados terceirizados. Moderadores de conteúdo no Facebook lidam diariamente com violências de magnitude inimagi-

the company profiting more than 18 billion a year.

In addition to not doing enough to ensure the well-being of users and moderators who are exposed to hostile and traumatic content, privacy policies appear to exist selectively. While it is impossible to discover, without legal measures, which group hundreds of accounts belong to, data such as who placed what item in the electronic basket of a virtual store external to Facebook are routinely sold to advertisers. As someone who buys ads on the platform, it was clear that there is a willingness to sell user data when the intention is to advertise a product. However, data of users who threaten the integrity of a virtual business and the emotional safety of a community is protected.

Even without the help of Facebook attendants, who are just as victimized by the corporation's twisted priorities as I am, I managed to locate one of these bullies' nests. An image of Bolsonaro dressed as the Joker, photoshopped in different contexts, was present in many of the profiles that invaded my account. In the first half of November 2020, the Brazilian magazine IstoÉ published a critical cover depicting Bolsonaro as the Joker and calling him "irresponsible" and "insane." Soon after, several Bolsonaro supporters organized themselves to idolize the *Bolsoringa* ("Bolso-joker"), viralizing a hashtag and creating groups on social media. First, I joined the closed group called "Bolsoringa," moderated by a famous right-wing comedian/ reporter, which had 33,000 members before being shut down for incessantly propagating Fake News about the pandemic, health safety measures, and the vaccine. In the Telegram group (the alternative to what they believe to be Facebook censorship) there is concern about the veracity of the sources, not because it is misinformation and sends the wrong message to the community, but because it can have consequences if identified by infiltrators (like me). They, like many leftists, also feel betrayed by Facebook's community standards, whose interests have become clearer than ever — their own profit, as opposed to a particular

nável; coisas muito piores do que o que estes bullies, do grupo de chacota, praticavam comigo e com os meus colegas. Em todas as variedades e níveis de danos morais e imagens traumáticas, não há dúvida que os recursos para lidar com eles estão disponíveis, com a companhia que lucra de mais de 18 bilhões por ano.

Além de não fazer o suficiente para garantir o bem-estar de usuários e de moderadores que são expostos a conteúdos hostis e traumáticos, políticas de privacidade parecem existir de forma seletiva. Enquanto é impossível descobrir, sem medidas jurídicas, a qual grupo centenas de contas pertencem, dados pessoais de usuários que colocam itens na cesta eletrônica de uma loja virtual, externa ao Facebook, são rotineiramente vendidos para anunciantes. Como alguém que compra anúncios na plataforma, ficou claro que há disposição de vender dados de indivíduos quando o intuito é anunciar um produto. Porém, dados de usuários que ameaçam a integridade de um negócio virtual e a segurança emocional da sua comunidade são protegidos.

Mesmo sem a ajuda dos atendentes do Facebook, que são tão vitimizados pelas prioridades deturpadas da corporação quanto eu, consegui localizar um dos ninhos destes bullies. Uma imagem do Bolsonaro vestido de Coringa, editada em diversos contextos, estava presente em muitos dos perfis que invadiram a minha conta. Na primeira metade de novembro de 2020, a IstoÉ publicou uma capa crítica ao Bolsonaro, em que o retrata como o Coringa e o chama de irresponsável e insano. Logo após, vários bolsonaristas se organizaram para idolatrar o Bolsoringa, ao viralizar uma hashtag e criar grupos em mídias sociais. Primeiro entrei no grupo fechado chamado "Bolsoringa," moderado pelo comediante Sikêra Júnior e pela Aliança Pelo Brasil (entre outros), que tinha 33 mil membros antes de ser derrubado por divulgar fake news incessantemente sobre a pandemia, medidas de segurança de saúde e a vacina. No grupo de Telegram (a alternativa ao que eles acreditam ser censura no Facebook) há preocupação sobre a veracidade das fontes, não porque é desinforma-

partisan interest.

The irony is that capitalism, free of governmental restrictions, is the strongest political current in this same community that feels wronged by the policies of the largest social media corporation in the world. Excluding pages like theirs is good for business, but it is seen as an injustice by the people who defend *laissez-faire*. Although legal proceedings against Facebook in recent years seem to infringe Zuckerberg's right to individual freedom, in reality, nothing has done more to help him keep his corporation relevant and desirable to its consumers. Unfortunately, we cannot count on the company's anti-racist and anti-homophobic initiatives as a political, but an economic stance. It is undeniably profitable to accommodate the black and LGBTQ+ community in the platform. Part of the frustration of members of these Fake News and right-wing bullying groups is the feeling that they are gradually becoming less relevant to the very system they idolize. Therefore, to them, the explanation can only be that there are "communists inside Facebook."

The Secret Group

In the beginning, being bombarded by thousands of notifications from hundreds of accounts a day made me feel outnumbered and vulnerable. I thought, 'could I mobilize a thousand individuals for some simple purpose online?' Perhaps a defense mechanism and disbelief made me think next, 'are they bots?' Luckily, a member of another group found me because he felt that it was unfair to attack vegetarians. He, as a "protector of animals," thinks that vegetarianism "has nothing to do with the left," and that the attacks should be aimed only at people who "deserve it." According to him, whose online pseudonym is 'Laisa,' content that "deserves to be made fun of" include: "support for previous governments," the "spread of illiteracy" through gender-neutral language, "illegal" allegations of fascism, and "campaigns about privileges instead of rights." In other words,

ção e passa a mensagem errada para a comunidade, mas porque pode gerar consequências se identificado por pessoas infiltradas (como eu). Eles, como muitos 'esquerdistas,' também se sentem violados pelos padrões de comunidade do Facebook, cujos interesses se tornaram mais claros do que nunca — o próprio lucro, e não os interesses de uma vertente política em particular.

A ironia é que o capitalismo, livre de limitações governamentais, é a corrente política mais forte nesta mesma comunidade que se sente injustiçada pelas políticas da maior corporação de mídia social do mundo. Excluir páginas como a deles é bom para o business, mas é visto como uma injustiça pelas próprias pessoas que defendem o laissez-faire. Apesar dos processos jurídicos contra o Facebook nos últimos anos parecerem infringir o direito à liberdade individual do Zuckerberg, na realidade, nada o ajudou mais a manter sua corporação relevante e desejável aos seus consumidores. Infelizmente, não podemos contar com iniciativas antirracistas e anti-homofóbicas da companhia como um posicionamento político, mas sim econômico. É inegavelmente lucrativo acomodar a comunidade negra e LGBTQ+ na plataforma. Parte da frustração dos membros destes grupos de fake news e bullying de direita é a sensação de que eles estão gradualmente se tornando menos relevantes para o próprio sistema que eles idolatram. Portanto, a explicação para eles só pode ser que há "dedo comunista lá dentro do Facebook."

O grupo secreto

No começo, ser bombardeada por milhares de notificações de centenas de contas por dia me fez sentir em menor número e vulnerável. Pensei, 'será que eu conseguiria mobilizar mil indivíduos para algum propósito simples online?' Talvez um mecanismo de defesa e descrença também me fez pensar em seguida, 'será que são bots?' Por sorte, um membro de outro grupo entrou em contato comigo porque sentiu que era injusto atacar vegetarianos. Ele, como protetor de animais, acha que o vegeta-

the target is those who publicly defend the Brazilian Worker's Party, the trans, antifascist (Antifa), and anti-racist community.

I will not deny that I have political motivations for being a vegetarian. The industry is violent with animals, with the environment, with our bodies, and I avoid financing it as much as possible. When researching some of the individuals who invaded my profile and bombarded me with mocking messages and thousands of "haha" reactions, I noticed that some of them had a direct relationship with the dairy industry and governmental agribusiness institutions. The account of a man stood out for listing a bankrupt dairy distributor as his place of work, with a series of open lawsuits, including one with the State for selling food that was unfit for consumption. In addition, I also noticed the account of a civil servant of the *State Agency for Animal and Plant Sanitary Defense* (IAGRO); an employee of a large non-vegan candy company; and a senior technician at the 'Information Technology department' of the Court of Justice of Mato Grosso do Sul state, who is possibly the son of the superintendent of the *Brazilian Institute of the Environment and Renewable Natural Resources* in that same state (they bear entirely the same name except for the word 'Junior'). As one of the poles of the livestock industry in Brazil, the fact that there are civil servants of the Justice Department of Mato Grosso do Sul state involved in an online group of mockery against vegetarians and leftists puts into question what the ideological motivation behind this initiative could be.

Thanks to my source, Laisa, I found out the name of the group where these people were organizing: "Group to react 'haha' on left-wing posts." However, the group was secret — it was not visible to anyone who was not invited. I spoke again with a Facebook attendant, sent them a list of account names, the name of the group, and a link to the group that, although it wasn't visible, appeared as "deleted" or "restricted." For some reason, after warning me that they could not make any guarantees or keep

rianismo "não tem nada a ver com esquerda," e que os ataques deveriam ser direcionados apenas às pessoas que merecem. De acordo com o próprio, cujo pseudônimo online é Laisa, posts que "merecem serem feitos de chacota" incluem: "apoio a governos anteriores," a "propagação do analfabetismo" por meio da linguagem de gênero neutro, denúncias que alegam fascismo e "pautas sobre privilégios ao invés de direitos". Em outras palavras, o alvo é quem defende publicamente o PT, a comunidade trans, antifascista e antirracista.

Não vou negar que tenho motivações políticas para ser vegetariana. A indústria é violenta com os animais, o meio ambiente, o nosso corpo e evito ao máximo financiá-la. Ao pesquisar alguns dos indivíduos que invadiram o meu perfil e me bombardearam com mensagens e reações de chacota, notei que alguns deles tinham relação direta com a indústria de laticínios e com instituições governamentais do agronegócio. A conta de um homem se destacou por listar a DAG Alimentos como lugar de trabalho, uma distribuidora de laticínios falida, com uma série de processos jurídicos em aberto, o que inclui um com a Justiça Pública por venda de alimentos impróprios para o consumo. Além dele, notei também a conta de um servidor público da Agência Estadual de Defesa Sanitária Animal e Vegetal (IAGRO); um empregado da Produtos Alimentícios Cory; e um técnico de nível superior na área de Tecnologia da Informação do Tribunal de Justiça de Mato Grosso do Sul, que é possivelmente o filho do Superintendente do Ibama em Mato Grosso do Sul (cujo nome é o mesmo com a exceção de Júnior). Como um dos polos do agronegócio no Brasil, o fato de que há servidores públicos da área de justiça deste estado envolvidos num grupo online de chacota contra vegetarianos e 'esquerdistas' coloca em questão qual seria a motivação idelógica por trás desta iniciativa.

Graças a minha fonte, Laisa, descobri o nome da página onde essas pessoas estavam se organizando: "Grupo para dar 'haha' em posts de esquerda". Porém, o grupo era secreto — ele é in-

me informed about the progress of my complaint, the next day, the group went from 'secret' to 'closed,' and I asked to enter. When I joined, the intimidating nature of the number of people involved and the political strategy behind it were demystified. There, I saw many of the people who attacked my page, and more. I was able to access the list of almost 8,000 members and contact other people who also became their targets.

The first thing I noticed when I joined the group was the superficiality with which they chose their victims. It was clear that the members of this laughing group did not read my work, and their criteria relied heavily on what they perceived as the leftist aesthetic, more so than ideological rhetoric. In my case, the aesthetic was to give advice on how to cook banana peel — I publicly announced that I am a vegetarian in a particularly mockable way. Other people became targets for using trans, feminist or communist symbols, slogans in defense of the public health system (SUS) or body positivity, the color red, the word 'Lula,' etc. Unfortunately, this does not mean their behavior ceased being perceived as harmful. When a victim became emotionally destabilized, and reacted aggressively in private messages, they boastingly shared screen-shots in the group. And when they managed to frame what the person was saying as slander, they announced they were going to sue, flaunting the message as if it were a trophy.

Seeing this happen to others was a reminder that it had also happened to me. When I wrote that mass laugh-reacting to a post about someone's death was 'harassment,' someone replied to me: "oh, slander gets you sued, watch out for the things you say... don't shit out of your mouth [...] stop being a child [...] I will call my lawyer, I will give you a piece [...] have the proof to defend yourself [...] I am checking with my lawyer Very serious thing, harassment, girl..." This confidence that it was them (and not me) who would be protected by the law puzzled me. The individual did not consider that the word 'harassment' does not

visível, ao menos que você seja convidado. Falei novamente com um atendente do Facebook, mandei uma lista de nomes de contas, o nome do grupo e um link da página que, por não ser visível, aparecia como "deletada" ou "restrita". Depois de avisarem que não podiam garantir nada ou me manter informada sobre o andamento da minha denúncia, no dia seguinte, o grupo foi de secreto para fechado e eu pedi para entrar. Quando entrei, a natureza intimidadora da quantidade de pessoas envolvidas e a estratégia política por trás se desmistificou. Lá, vi muitas das pessoas que atacaram minha página. Pude acessar a lista de quase 8 mil membros e contatar outras pessoas que também se tornaram alvos deles.

A primeira coisa que notei quando entrei no grupo foi a superficialidade com a qual eles escolhiam suas vítimas. Estava claro que os membros deste grupo de risada não leram o que produzo, e seus critérios dependiam fortemente do que eles acreditam ser a estética 'esquerdista,' mais do que da retórica ideológica. No meu caso, essa estética foi dar um conselho sobre como cozinhar casca de banana — anunciei publicamente que sou vegetariana. Outras pessoas viraram alvo por usarem símbolos trans, feministas ou comunistas, slogans em defesa do SUS ou positividade corporal, a cor vermelha, a palavra Lula etc. Infelizmente, isso não quer dizer que suas atitudes deixaram de parecer nocivas. Quando uma vítima se desequilibrava e reagia de forma agressiva em mensagens privadas, eles compartilhavam capturas de tela no grupo se vangloriando. E quando conseguiam enquadrar o que a pessoa estava falando como calúnia, anunciavam que iam entrar na justiça contra ela, apresentando a mensagem como se fosse um troféu.

Ao ver isso acontecer com os outros, lembrei do que aconteceu comigo. Quando escrevi que dar risadas num post sobre a morte de alguém era 'assédio,' uma pessoa me respondeu: "oh, calúnia da processo toma cuidado as coisas que você fala [...] procura mas não cagar pela boca [...] deixa de ser criança [...] vou chamar

apply only to offenses of a sexual nature, but certainly the legal term 'cyberbullying' is more accurate — "intimidating, assaulting, causing pain or suffering, anguish or humiliation to the victim, including by means of social exclusion."

The Dispute for the Law

Many of the people I spoke to who were targeted by this group had an instinctive reaction to sue, without knowing how. However, many of the members of this 'virtual militia' are professionals in the area of public and private security. Even before I infiltrated the nest, I noticed that many of them were policemen, security guards, marines, snipers, etc. In addition to those who claim to be lawyers and civil servants across the country. The culture of mockery and intimidation was encouraged by the highest authority of this nation's executive power, so it is difficult to count on the legal system that is sustained by that administration.

In 2020, the Brazilian right-wing administration somewhat instigated this cyberbullying movement with the amendment of the anti-terrorism law criminalizing anti-fascist groups. On May 31, Reuters reports that President Trump responded to Black Lives Matter protests by designating "Antifa as [a] terrorist organization" (Reuters). The following day, June 1, the Brazilian Chamber of Deputies is presented with a request to amend the "Anti-terrorism Law No. 13,260, of March 16, 2016, in order to classify 'antifa' (antifascist) groups as terrorist organizations" (Portal of the Chamber of Deputies). During the first week of June, a 999-page PDF started circulating on WhatsApp with detailed information about people who present the antifa aesthetic online (tattoos, piercings, the antifa logo on their profile, belonging to antifascist Face-book groups, etc.). This same week, a trend of personalized antifascist logos dominated Brazilian social media. June 18, the "Group to react 'haha' on left-wing posts" is created.

meu advogado vou dá parte de você [...] tenha provas para se defender [...] tô vendo com meu advogado Assédio muito sério menina..." Essa confiança de que eles, e não nós, que seriam protegidos pela lei me intrigou. Certamente, o indivíduo não considerou que a palavra 'assédio' não se aplica apenas à infrações de natureza sexual, mas certamente o termo jurídico cyberbullying é mais preciso — "intimidar, agredir, causar dor ou sofrimento, angústia ou humilhação à vítima, inclusive por meio de exclusão social" (Lei 6401/13 | Lei nº 6401, de 05 de Março de 2013).

A disputa pela lei

Muitas das pessoas com quem conversei que foram alvos desse grupo tiveram a reação instintiva de entrar na justiça, sem saber como. No entanto, muitos dos membros dessa 'milícia virtual' são profissionais da área de segurança pública e privada. Mesmo antes de infiltrar o ninho, notei que muitos deles eram policiais, seguranças, fuzileiros navais, atiradores etc. Fora os que dizem ser advogados e servidores públicos pelo país inteiro. A cultura de zombaria e intimidação foi encorajada pela autoridade máxima do poder executivo desta Nação, portanto, é difícil contar com o sistema jurídico sustentado por essa administração.

Em 2020, a administração pública brasileira de certa forma instigou esse movimento de cyberbullying com a emenda da lei antiterrorismo criminalizando grupos antifascistas. No dia 31 de maio, a Reuters relata que o presidente Trump respondeu aos protestos do Black Lives Matter designando "Antifa como [uma] organização terrorista" (Reuters). No dia seguinte, 1º de junho, a Câmara dos Deputados brasileira é apresentada com um pedido de alteração da "Lei Antiterrorismo nº 13.260, de 16 de março de 2016, a fim de classificar os grupos 'antifa' (antifascistas) como organizações terroristas" (Portal da Câmara dos Deputados). Durante a primeira semana de junho, um PDF de 999 páginas começou a circular no What'sApp com informações detalhadas sobre pessoas que apresentam a estética antifa

As Laisa (my source) pointed out, one of the purposes of this group is to make fun of those who supposedly mischaracterize the concept of fascism by applying it out of context — which, to him, is criminal. Not only does the law support this sentiment, but there was also an initiative to at least threaten to put this law into practice against certain individuals, through the creation and distribution of the list. In creating the group, the intention was to appropriate the law, instead of breaking it. When there is not enough 'evidence' for a legal process, the next best option is to coerce the leftist, antifascist, trans person, etc. to withdraw from the virtual public sphere. In the meantime, there are people mentioned in this 'antifa PDF' who have also appropriated the law and are suing politicians who are allegedly, somehow, associated with the list. This fierce dispute over 'Rights' relating to the digital realm symbolizes how much resistance movements against the *status quo* are exiting 'the underground' and becoming mainstream in the (real) public sphere.

The Public Sphere

Returning to an underground, stigmatized, or timid existence is far from the solution. But when people who have existed freely in the past feel coerced to occupy that timid and restricted position for the first time, we cannot expect them to accept it with pleasure. For them, there is no greater injustice than being placed in the subordinate position in which they usually put others. One of the videos shared in the 'Bolsoringa' group reveals that, for them, Bolsonaro is an example of how society unfairly restricts the freedom of speech of people on the right. In his interview on December 28, 2020, the president at various moments alludes to things he cannot say, and the audience laughs, agrees, and shows that they know what he wants to say even without him saying the words. "I'm not even going to make a joke here because they say later that I'm mocking..." and laughter erupts as if he had made the joke.

online (tatuagens, piercings, o logotipo antifa no perfil, pertencer a grupos de Facebook antifascistas etc.). E nesta mesma semana, um trend de logotipos antifascistas personalizados dominou as mídias sociais brasileiras. Dia 18 de junho, o "Grupo para dar 'haha' em posts de esquerda" é criado.

Como Laisa, minha fonte, apontou, um dos propósitos deste grupo é fazer chacota com quem supostamente descaracteriza o conceito de fascismo ao aplicá-lo fora de contexto — o que para ele é uma ação criminosa. Não só a lei corrobora este sentimento, houve uma iniciativa de pelo menos ameaçar colocar ela mesma em prática contra certos indivíduos, através da lista. Ao criar o grupo, a intenção foi de se apropriar da própria regulamentação ao invés de a quebrar. Quando não há 'provas' o suficiente para um processo jurídico, a próxima melhor opção é coagir a pessoa de esquerda, antifascista, trans etc. a se retirar da esfera pública virtual. Enquanto isso, há pessoas mencionadas neste 'PDF de antifas' que também se apropriaram da lei e estão processando políticos que alegadamente têm relação com a lista. Essa disputa acirrada pelo 'direito' simboliza o quanto movimentos de resistência contra o status quo estão saindo do underground (uma existência subterrânea) e se tornando uma ameaça em aberto, na esfera pública real.

A esfera pública

Voltar para uma existência subterrânea, estigmatizada, e tímida, está longe de ser a solução. Mas quando pessoas que têm existido livremente no passado se sentem forçadas a ocupar essa posição inconveniente e restringida pela primeira vez, não podemos esperar que a aceitem com gosto. Para eles, não há injustiça maior do que ser colocado na posição subalterna na qual eles costumam colocar os outros. Um dos vídeos compartilhados no grupo 'Bolsoringa' revela que, para eles, o Bolsonaro é um exemplo de como a sociedade injustamente restringe a liberdade de expressão das pessoas de direita. Em sua entrevista do dia

In addition to the so-called injustice of the mischaracterization of fascism, and an alleged attempt to silence people like the president, Laisa also pointed out the importance of distinguishing between privileges and rights. In a way I agree, there is no need to denounce the privilege each member of this group may have, instead of recognizing their right to exist and organize. However, to reject the concept of privilege while being indignant at leftists' media privileges is incoherent. For them, the problem is to point out privileges of race, gender and class, instead of fighting for rights as individuals. Certainly, as individuals, we should have the right to exist in the public sphere without becoming targets for mockery, bullying, and harassment. Perhaps proudly existing as a trans, feminist or black woman infringes the freedom of "Bolso-jokers" to express themselves freely without being labeled transphobic, sexist or racist. It is the epic battle of the Brazilian polarized political conjuncture, the tug-of-war between 'change' and 'tradition.' It seems to me that many do not accept the fact that Facebook, the mainstream media, and the capitalist machinery which moves them may not be married to the 'tradition' team, but to their own profit instead. Therefore, the right is given to those with the privilege of being more profitable.

What are, then, our rights in the public context of social media? Our Facebook feed, in a way, is the wall around our private environment. The process of selecting what is visible to the 'public' or to 'friends' is a decision based on which side of the wall we want to display something at that moment. In the United States, it is common to place flags or signs on the front lawn of suburban homes. Even if these objects are intended to be displayed to the public, they are still personal property, and when strangers damage that property, it is considered vandalism. Publicly posting something of political nature on my feed is nothing more than a sign on my lawn, or a sticker on my car. My Facebook page, my house, and my car are personal properties, and

28 de dezembro 2020, no canal de YouTube 'Foco do Brasil,' o presidente em vários momentos alude a coisas que ele não pode dizer, e a audiência ri, concorda, e demonstra que sabe o que ele quer falar mesmo sem dizer as palavras. "Não vou nem fazer uma brincadeira aqui porque falam depois que eu tô zombando..." e risadas surgem como se ele a tivesse feito.

Além da chamada injustiça da descaracterização do fascismo, e uma suposta tentativa de silenciar pessoas como o presidente, Laisa também apontou a relevância de distinguir entre privilégios e direitos. De certa forma concordo, não há necessidade de denunciar o privilégio que cada membro deste grupo talvez tenha, ao invés de reconhecer o seu direito de existir e se organizar. Porém, rejeitar o conceito de privilégio e se indignar com 'esquerdistas' sendo privilegiados nas mídias (formais e sociais) é incoerente. Para eles, o problema é apontar privilégio de raça, gênero e classe, ao invés de lutar por direitos como indivíduos. Certamente, como indivíduos, deveríamos ter o direito de existir na esfera pública sem virarmos alvos de chacota, zombaria, e intimidação em massa. Talvez existir orgulhosamente como mulher trans, feminista ou preta infringe a liberdade dos bolsoringas de se expressar livremente sem serem rotulados como transfóbicos, machistas ou racistas. É a épica batalha da conjuntura política polarizada Brasileira, o cabo-de-guerra entre a 'mudança' e a 'tradição.' Me parece que muitos não se conformam com o fato de que o Facebook, as grandes mídias, e a engrenagem capitalista que os move talvez não estejam casados com o time da 'tradição' e sim com seu próprio lucro. Portanto, o direito é dado para aqueles com o privilégio de serem mais lucrativos.

Quais são, então, os nossos direitos no contexto público das mídias sociais? Nosso feed do Facebook, de certa forma, é o muro em volta do nosso ambiente privado. O processo de selecionar o que é visível para o 'público' ou para 'amigos' é uma decisão baseada em qual lado do muro desejamos exibir algo naquele momento. Nos Estados Unidos, é comum colocarem bandeiras

for an anti-communist community, these should be as sacred as private property. However, this is not the case.

Ideological inconsistencies point in the direction where the clash is outside the sphere of partisan politics. It is outside the sphere of opinions and debates. The clash is between people who want to exist and those who do not want them to exist. I do not consume meat, it's the relationship I have with my body, and members of that mockery group don't believe I should exist. There is no exchange of ideas, or the possibility for dialogue. There is only the belief that people like me should not exist. For them, fat or trans people should not exist either, much less proudly and in public. Vandalism is, therefore, the attempt to destroy personal property even in its abstract form — the body and identity.

Vandalism

In its classic use, as destruction of public or private property, the term 'vandalism' is a tool to criminalize marginalized people who dare to occupy the central and collective space. People who were already central in the urban and financial sphere enjoyed complete control over the public environment, and its collective use. A high-end store, for example, could not only design the building on its own patch of land, but also visually pollute a radius of a kilometer and even change the direction of car flow on the street. In other words, we mistakenly attribute the concept of vandalism to what is 'marginal,' and rarely to what is 'central,' when the term should apply to infringements against the integrity of public property in general.

As street art started to become profitable, the legal and corporate dynamics with the word 'vandalism' changed. In 2007, São Paulo banned billboard advertising, starting an era of murals and vertical gardens that gave new meaning to the concept of public patrimony, and the role of the population in the construction of the collective space it uses. Almost 10 years later,

ou placas no gramado na frente de casas suburbanas. Mesmo que esses objetos tenham o intuito de serem exibidos publicamente, eles não deixam de ser propriedade pessoal, e quando desconhecidos danificam essa posse, é considerado vandalismo. Postar algo de natureza política para o público no meu feed é nada mais do que uma placa no gramado da minha casa, ou um adesivo no meu carro. Minha página de Facebook, minha casa, e meu carro são propriedades pessoais, e para uma comunidade anticomunista, elas deveriam ser tão sagradas quanto a privada. Porém, esse não é o caso.

As incoerências ideológicas apontam na direção de que o embate está fora da esfera da divergência política/partidária. Está fora da esfera de opiniões e debates. O embate é entre pessoas que querem existir e aqueles que não querem que elas existam. Não comer carne é a relação que eu tenho com o meu corpo, e membros desse grupo não acreditam que eu deveria existir. Não há troca de ideias, ou possibilidade para diálogo. Existe apenas a crença de que pessoas vegetarianas, como eu, não deveriam existir. Pessoas gordas ou trans, para eles, também não deveriam existir, muito menos orgulhosamente e em público. O vandalismo é, portanto, a tentativa de destruição de propriedade pessoal até mesmo quando ela é abstrata — o corpo e a identidade.

O vandalismo

Em seu uso clássico, como destruição de propriedade pública ou privada, o termo 'vandalismo' é uma ferramenta para criminalizar indivíduos marginalizados que ousam ocupar o espaço central e coletivo. Pessoas que já eram centrais na esfera urbana e financeira usufruíam de completo controle sobre o ambiente público, e de uso coletivo. Uma loja de alto escalão, por exemplo, poderia não só arquitetar a construção em seu próprio terreno, mas também poluir visualmente um raio de um quilômetro e, até mesmo, mudar a direção do fluxo de carros na rua. Em outras palavras, nós erroneamente atribuímos o conceito de vandalis-

street artists won a lawsuit against Nissan and its marketing company because "the video with the vehicle's advertisement" exposes the "work of the artists" for 4 seconds. The concept of visual pollution was reversed — with it, the position of street artists moved from margin to the center — and the law, as well as advertising, had to keep up with this change. In this sense, the law is nothing more than a tool for improving the capitalist practice, rather than a restriction of it.

The members of the "Group to react 'haha' on left-wing posts" have appropriated this vandal tactic, leaving their hundreds of 'spray paint tags' in the form of "haha" reactions on posts from random people on Facebook. Although they are not marginalized by the *status quo* or use this tool to fight for the right to access the public sphere, the term 'vandalism' easily applies to them. Anti-government rhetoric (excluding Bolsonaro) leads them to reject public property as legitimate, and at the same time to enjoy free access to it — as the high-end store renders graffiti illegitimate while indulging in billboards. For this reason, their virtual vandalism is a tactic to remain central in the public sphere, while deciding who deserves to occupy that space with them through cyberbullying.

A community that already occupies a central position in society is likely to take up this project because it feels threatened. Their cisgender, capitalist bodies, blind to racial issues, etc. have represented the 'normal' for at least a hundred years. What could have shaken the structure of this normativity? The artist Leonard Koren, when trying to describe the essence of Japanese Zen aesthetics, states that "repetition is the essence of tradition." In a way, leftism strives to interrupt a certain repetition, but not always in order to destroy tradition, but rather to reconfigure it. The capitalist tradition is constant reconfiguration, and Facebook is a perfect example of that. Whenever it deals with a legal process, it is compelled to correct a detail of its configuration, so it does not collapse or grow to the point of becoming a Na-

mo ao que é 'marginal,' e raramente ao que é 'central,' quando o termo deveria se aplicar às infrações contra a integridade da propriedade pública em geral.

Assim que a arte de rua começou a se tornar lucrativa, a dinâmica jurídica e corporativa com a palavra 'vandalismo' mudou. Em 2007, São Paulo proibiu propaganda em outdoors, iniciando uma era de murais e jardins verticais que ressignificou o conceito de patrimônio público, e a atuação da população na construção do espaço coletivo que ela usa. Quase 10 anos depois, artistas de rua ganharam um processo contra a Nissan e sua companhia de publicidade porque "o vídeo com a propaganda do veículo" expõe o "desenho dos autores" por 4 segundos (Ação contra a Nissan e a Lew Lara Publicidade). O conceito de poluição visual foi revertido — com ela a posição dos artistas de deslocou da margem ao centro — e a lei, tanto quanto a publicidade, tiveram que acompanhar essa mudança. Neste sentido, as leis nada mais são do que uma ferramenta para o aperfeiçoamento da prática capitalista, ao invés de uma restrição dela.

Os membros do "Grupo para dar 'haha' em posts de esquerda" se apropriaram desta tática vândala, ao deixar suas centenas de pichações em forma de reações de risada nos posts de pessoas aleatórias no Facebook. Apesar de não serem marginalizados pelo status quo, ou usarem essa ferramenta para lutar por direitos de acesso ao espaço público, o termo 'vandalismo' facilmente se aplica a eles. A retórica antigoverno (excluindo o do Bolsonaro) os leva a rejeitar a propriedade pública como legítima, e ao mesmo tempo usufruem do livre acesso a ela — como a loja de alto escalão ilegítima a pichação, mas usufrui de outdoors. Por isso, o vandalismo virtual deles é uma tática para permanecer em sua posição central na esfera pública, enquanto decidem quem merece permanecer naquele espaço através do cyberbullying.

Uma comunidade que já ocupa uma posição central na sociedade provavelmente se dispõe a esse projeto porque se sente ame-

tion State (with a single profitable resource for export). In other words, what "Bolso-jokers" call "communism" is, in reality, the manifestation of the feature of capitalism which is most essential to its permanence — adaptability. And, frankly, the Brazilian Worker's Party style of "communism" was nothing more than an attempt to expand the class of consumers, reducing the marginalized contingent of the population which was subject to extermination (through poverty and exclusion).

Anti-fascism, like communism, needs to be contorted to fit a threat to 'tradition.' If fascism is not the tradition, why would anti-fascism be a threat? It is necessary to assess how the struggle for anti-racism, LGBTQ+ rights, and the population's access to health and basic resources, when framed as an anti-fascist struggle, intimidates avid defenders of capitalism and freedom of expression. The tradition of individual freedom could, and should, include at least the freedom to practice a religion other than Christianity, to identify as LGBTQ+, black, fat, vegetarian or vegan, etc. Anti-fascism fights for nothing more than the right of these individuals to exist. And historically, the term is based on the simple fact that fascism appropriates nationalism to exterminate undesirable contingents of a population. We put "Brazil above" the lives of everyone on the margins, and the vast majority of "we, the people."

Finally, the most important ends up being the simplest — we have the right to be who we are, freely and openly. Society, in real and virtual life, not only can, but must adapt to accommodate the people in it. "Bolso-jokers" also exist in this society and deserve attention; may they continue to display this attention as a trophy. However, how can we embrace those who endorse our extermination? History, its conflicts and technologies, inevitably advance, and we exist in symbiosis with it. As long as there is resistance to preserve repetition (tradition), there will also be a fight for the rights of a new generation and its new historical context — their right to exist.

açada. Seus corpos cisgêneros, capitalistas, cegos para questões de raça, etc. representam o 'normal' há pelo menos cem anos. O que pode ter abalado a estrutura desta normatividade? O artista Leonard Koren, ao tentar descrever a essência da estética zen japonesa, afirma que "repetir é a essência da tradição." De certa forma, o 'esquerdismo' se esforça para interromper uma certa repetição, mas nem sempre com o intuito de destruir a tradição, e sim a reconfigurar. A tradição capitalista é a constante reconfiguração, e o Facebook é um exemplo perfeito disso. Sempre que ele lida com um processo jurídico é compelido a corrigir um detalhe de sua configuração para que não entre em colapso ou cresça ao ponto de se tornar um Estado (com um único recurso lucrativo para exportação). Em outras palavras, o que os bolsoringas chamam de 'comunismo' é, na realidade, a manifestação da propriedade capitalista mais essencial para sua permanência — a adaptabilidade. E, francamente, o "comunismo" petista foi apenas uma tentativa de expandir a classe de consumidores, diminuindo o contingente populacional marginalizado e sujeito ao extermínio.

O antifascismo, assim como o comunismo, precisa ser contorcido para caber na moldura da ameaça à tradição. Se o fascismo não é a tradição, por que o antifascismo seria uma ameaça? É preciso avaliar de qual forma a luta antirracista, LGBTQ+, pela saúde púbica e pelos direitos da população de acesso à recursos básicos, quando enquadrados como uma luta antifascista, intimida os defensores do capitalismo e da liberdade de expressão. A tradição da liberdade individual poderia, e deveria, incluir no mínimo a liberdade de praticar uma religião que não seja o cristianismo, de se identificar como LGBTQ+, preto ou preta, gordo ou gorda, vegetariana(o) ou vegana(o), etc. O antifascismo luta por nada mais que o direito destes indivíduos de existir. E, historicamente, o termo se baseia no simples fato de que o fascismo se apropria do nacionalismo para exterminar contingentes indesejáveis de uma população. Colocamos o "Brasil acima" das vidas de todos e todas que estão às margens, e da grande maioria

do povo.

Por fim, o mais importante acaba sendo o mais simples — temos o direito de ser quem nós somos, livre e abertamente. A sociedade, na vida real e virtual, não só pode, mas deve se adaptar para acomodar as pessoas que existem nela. Bolsoringas também existem nesta sociedade e merecem atenção; que continuem a exibir esta atenção como um troféu. Porém, como podemos abraçar quem avaliza nosso extermínio? A história, seus conflitos e tecnologias, inevitavelmente avançam, e nós existimos em simbiose com ela. Enquanto houver resistência para preservar a repetição (a tradição), haverá a luta pelos direitos de uma nova geração e seu novo contexto histórico — o direito de existir.

Digital Monitoring as a Threat to Human Mobility

Abstract

During the COVID-19 pandemic, a "privacy nutrition label" was introduced to the Apple applications store. Its aim was to simplify access that consumers have to the content of terms and conditions, specifically to its implications on individual privacy. Nevertheless, undocumented migrants in the United States and Europe were and still are subject to invasive digital monitoring, begging the question of how to handle unhinged uses of technological advances by government institutions. Artificial intelligence has been used to predict the geographical movements of migrants, and phone applications have been used as an alternative to incarceration and ankle bracelets. It seems that technological advances do not move parallel to improvements in the human condition, which is why keeping up with these advances is a challenge to those who are struggling to improve their living conditions. In the following chapter, Artificial Intelligence and Integration Contracts of asylum requests are discussed within the framework of immigration rights and modern tools of governmental abuse of power.

> *To sign off on; a phrasal verb meaning*
> *"to give one's approval to something."*

We all sign things nowadays, but not all of us get to sign off on things. The use of a signature as a way to grant approval is not the same as the more commonplace practice of signing things like "terms and conditions." This distinction ought to be made because in identifying when a signature is not empowering or representative of consent, we can look for alternative tools of resistance against the established order—one which uses signatures to control and subjugate disenfranchised segments of the population.

Monitoramento digital como ameaça à mobilidade humana

Resumo

Durante a pandemia de COVID-19, um "rótulo nutricional de privacidade" foi introduzido na loja de aplicativos da Apple. Fingiu simplificar o acesso dos consumidores ao conteúdo dos termos e condições, nomeadamente às suas implicações na privacidade individual. No entanto, imigrantes indocumentados nos Estados Unidos e na Europa foram e ainda estão sujeitos a monitoramento digital invasivo, levantando a questão de como lidar com usos descontrolados de avanços tecnológicos por instituições governamentais. A inteligência artificial tem sido usada para prever os movimentos geográficos dos migrantes, e os aplicativos de celular têm sido usados como uma alternativa ao encarceramento e tornozeleiras. Parece que os avanços tecnológicos não caminham paralelamente às melhorias da condição humana, por isso acompanhar esses avanços é um desafio para aqueles que lutam para melhorar suas condições de vida. No capítulo que segue, a Inteligência Artificial e os Contratos de Integração dos pedidos de asilo são discutidos no quadro dos direitos imigratórios e das modernas ferramentas de abuso de poder governamental.

Assinar; "conceder por direito".

Todos nós assinamos coisas hoje em dia, mas nem todas as nossas assinaturas têm a mesma conotação. O uso de uma assinatura como forma de conceder aprovação não é o mesmo que a prática mais comum de assinar coisas como "termos e condições". Essa distinção deve ser feita porque, ao identificar quando uma assinatura não é empoderadora ou representativa de consentimento, podemos procurar ferramentas alternativas de resistência contra a ordem estabelecida – aquela que usa assinaturas para controlar e subjugar segmentos desprivilegiados da população.

Signatures earn significance through institutions of power by governments that establish order and have the resources to enforce this order. In any hierarchical structure, signing off on something is indicative of a status difference, as is the ability to make someone sign an unfavorable agreement.

A good example of this is our routine practice of downloading apps into our smartphones. Apple, for instance, signs off on the apps it allows on its app store, but the terms and conditions we agree to when we download them are certainly unfavorable to us as consumers. In an attempt to mitigate this issue, a "privacy nutrition label" was introduced to apps in the store during the covid pandemic, supposedly simplifying access consumers have to the content of these conditions.

The labels are probably a result of the GDPR, which Apple cites in its page detailing Privacy Policies (Apple Store 2022) and requires not only transparency over these policies but also for this information to be presented in a way people can easily understand. Unfortunately, these "nutrition labels" are neither effective nor accurate (Fowler 2021), exacerbating the issue of unfavorable agreements we consent to through digital signatures.

Earlier in 2022, in the wake of abortion bans in the United States, women encouraged each other to remove period-tracking apps from their phones for fear of potential privacy breaches and legal backlash. This is a way of not signing, not consenting, to personal data sharing. It is also a form of a general strike, provoking a sharp turn in the industry. To be able to delete something from your smartphone is thus a privileged position to be in.

Nearly a quarter of a million immigrants in the United States are tracked by ICE with the use of an app that officials describe as more "humane" (del Rio 2022) than ankle bracelets or incarcer-

As assinaturas ganham significado por meio de instituições de poder de governos que estabelecem a ordem e têm os recursos para impor essa ordem. Em qualquer estrutura hierárquica, assinar algo é indicativo de uma diferença de status, assim como a capacidade de fazer alguém assinar um acordo desfavorável.

Um bom exemplo disso é nossa prática rotineira de baixar aplicativos em nossos smartphones. A Apple, por exemplo, aprova os aplicativos que permite em sua loja de aplicativos, mas os termos e condições com os quais concordamos ao baixá-los certamente são desfavoráveis para nós como consumidores. Numa tentativa de mitigar este problema, foi introduzida uma "etiqueta nutricional de privacidade" nas aplicações da loja durante a pandemia de covid-19, supostamente simplificando o acesso dos consumidores ao conteúdo destas condições.

Os rótulos provavelmente são resultado da GDPR, que a Apple cita em sua página de Políticas de Privacidade (Apple Store 2022) e exige não apenas transparência sobre essas políticas, mas também que essas informações sejam apresentadas de maneira que as pessoas possam entender facilmente. Infelizmente, esses "rótulos nutricionais" não são eficazes nem precisos (Fowler 2021), exacerbando a questão de acordos desfavoráveis com os quais consentimos por meio de assinaturas digitais.

No início de 2022, após a proibição do aborto nos Estados Unidos, as mulheres se encorajaram a remover aplicativos de rastreamento de menstruação de seus telefones por medo de possíveis violações de privacidade e repercussões jurídicas. Essa é uma forma de não assinar, não consentir, a partilha de dados pessoais. É também uma forma de greve geral, provocando uma forte reviravolta no setor. Poder deletar algo do seu smartphone é, portanto, uma posição privilegiada de se estar.

Quase um quarto de milhão de imigrantes nos Estados Unidos são rastreados pelo ICE com o uso de um aplicativo que as au-

ation. Unsurprisingly, many do not agree with this description, which is why there is an ongoing court case against the Department of Homeland Security, claiming a violation of the Freedom of Information Act and concern over the "drastic increase in the Intensive Supervision Appearance Program (ISAP)" (US District Court Northern District Of California 2022). This program embodies how, nowadays, privacy policies of applications can quite literally become virtual prisons.

In Europe, due to the 2015 "refugee crisis," data monitoring was considered by government institutions as a tool for predicting the "movements of migrants into Europe." The European Space Agency pitched several EU organizations, including Frontex, on "commercially viable 'disruptive smart technologies'" (Black 2020). In a report from 2019 on this subject, the ethical and practical limitations of this program were considered, but no guarantee is given that this tool has not been or is not being used. Even though the report acknowledges this technology can be and has been used for racial profiling—which they describe as an "overfocus on African countries" (IOM 2019)—and that machine-learning reliant on unpredictable data produces unreliable results, the conclusion describes this method as a "nascent workstream." In other words, if this deeply flawed and unethical method of handling humanitarian crises is not yet widespread, it surely is about to become so.

Agreeing to dangerous terms and conditions of applications which track movement and seek to predict future movements of people like you infringes upon freedoms of whole segments of the world population. Considering that today it's nearly impossible *to not produce data* (from the day we are born, documents and data are collected and stored about us), what can we do to disrupt data processing strategies, ensure a certain level of privacy, and allow for freedom of movement?

toridades descrevem como mais "humanitário" (del Rio 2022) do que tornozeleiras ou prisão. Não é uma surpresa que muitos não concordam com essa descrição, e é por isso que houve um processo judicial contra o Departamento de Segurança Interna, alegando violação da Lei de Liberdade de Informação e preocupação com o "aumento drástico no Programa de Supervisão de Aparência Intensiva (ISAP)" (Tribunal Distrital dos EUA, Distrito Norte da Califórnia, 2022). Esse programa representa como, hoje em dia, as políticas de privacidade de aplicativos podem literalmente se tornar prisões virtuais.

Na Europa, devido à "crise de refugiados" de 2015, o monitoramento de dados foi considerado pelas instituições governamentais como uma ferramenta para prever os "movimentos de imigrantes para a Europa". A Agência Espacial Europeia fez apresentações a várias organizações da UE, incluindo a Frontex, sobre "tecnologias inteligentes disruptivas comercialmente viáveis" (Black 2020). Num relatório de 2019 sobre o assunto, foram consideradas as limitações éticas e práticas desse programa, mas não há garantia de que essa ferramenta não tenha sido ou não esteja sendo usada. Embora o relatório reconheça que essa tecnologia pode ser e tem sido usada para perfilamento racial – que eles descrevem como um "foco excessivo nos países africanos" (IOM 2019) – e que o aprendizado de máquina baseado em dados imprevisíveis produz resultados não confiáveis, a conclusão descreve esse método como um "fluxo de trabalho nascente". Em outras palavras, se esse método profundamente falho e antiético de lidar com crises humanitárias ainda não é difundido, certamente está prestes a se tornar.

Concordar com termos e condições perigosos de aplicativos que rastreiam movimentos e procuram prever movimentos futuros de pessoas como você infringe as liberdades de segmentos inteiros da população mundial. Considerando que hoje é quase impossível não produzir dados (desde o dia em que nascemos, documentos e dados são coletados e armazenados sobre nós), o

Integration Contracts

> *Asylum requests in Europe are signed off on by government officials, and seekers are made to sign several forms—including "integration contracts."*

The criteria used by those with the power to sign off on asylum requests are kept from the segment of the public with the most stake in these immigration policies: asylum seekers. It could be said that it is in the interest of EU countries to maintain asylum seekers oblivious to the inner workings of its institutions and the decision-making processes. These government branches may not want asylum seekers to have information which can help them present their case more effectively.

This is exemplified in the 2014 court case *YS and others* (Wabi-Sabi 2022), where incoherent legal justifications were used to deny migrants the right to access their personal data, a right protected by European privacy laws. In some instances, it was claimed that the right to privacy of government staff and their line of reasoning trumps the plaintiffs' rights, and that the applications did not contain the personal data of migrants. There is no doubt, however, that immigration request files contain the personal data of the applicant, and so does the written analysis of government staff about these applications.

Meanwhile, when an asylum request is approved, the migrant is required to sign contracts which, among other things, subject them to compulsory "civic training" (Ministère de l'intérieur 2020). The French Office for Immigration and Integration (OFII) calls this the "Republican Integration Contract (CIR)" (République Française 2020), where "newly arrived foreigners" (Ministère de l'intérieur 2022) are taught "the principles [and] values [...] of the Republic, the rights and duties associated with life in France and the organization of French Society."

que podemos fazer para interromper as estratégias de processamento de dados, garantir um certo nível de privacidade e permitir a liberdade de movimento?

Contratos de Integração

Os pedidos de asilo na Europa são assinados por funcionários do governo e os requerentes são obrigados a assinar vários formulários – incluindo "contratos de integração".

Os critérios utilizados por quem tem o poder de deferir os pedidos de asilo são escondidos do segmento do público mais interessado nestas políticas de imigração: os requerentes de asilo. Pode-se dizer que é do interesse dos países da UE manter os requerentes de asilo alheios ao funcionamento interno das suas instituições e aos processos de tomada de decisão. Esses ramos do governo podem não querer que os requerentes de asilo tenham informações que possam ajudá-los a apresentar seus casos de forma mais eficaz.

Isso é exemplificado no processo judicial de 2014 *YS e Outros* (Wabi-Sabi 2022), onde justificativas legais incoerentes foram usadas para negar aos migrantes o direito de acessar seus dados pessoais, um direito protegido pelas leis europeias de privacidade. Em alguns casos, foi alegado que o direito à privacidade dos funcionários do governo e suas linhas de raciocínio supera os direitos dos requerentes e que os pedidos não continham os dados pessoais dos imigrantes. Não há dúvida, no entanto, que os arquivos de solicitação de asilo contêm os dados pessoais dos requerentes, assim como a análise escrita de funcionários do governo sobre essas solicitações.

Entretanto, quando um pedido de asilo é aprovado, o imigrante é obrigado a assinar contratos que, entre outras coisas, os sujeitam a uma "formação cívica" obrigatória (Ministère de l'intérieur 2020). O Escritório Francês de Imigração e Integra-

The granting of the immigration request comes attached to the requirement to resign certain aspects of your cultural identity. Namely, robust integration efforts are not only about inserting immigrants into the workforce, but also a "shield against radicalization" (Rush 2018)—an umbrella term for extreme cultural differences.

The Netherlands has a similar program, where "knowledge of the Dutch society" (European Commission 2021) is mixed in with Dutch language skills. They go even further in requiring "voluntary" work in businesses and demanding health insurance from companies which refuse to provide information in any language other than Dutch. I have gone through this process—twice or three times a week when I "volunteered" to vacuum a video store. Here I learned about "black pete" (but not about the country's colonial history) and had to sign up and pay for health services I could not use, because workers refused to give me information in English over the phone.

In Brazil, a parallel can be made with the integration efforts of Venezuelan refugees. In official reports there is no mention of civic training and values; instead, there is mention of opportunities for certification and work (The UN Refugee Agency 2021). The UN Refugee Agency report from 2021 describes Venezuelan refugees in Brazil to be more likely to have completed stages of education but they earn less and work more hours than their Brazilian counterparts. There is no compulsory integration program, therefore, this practice is not intrinsic to immigration policies everywhere.

A new "action plan" (European Commission 2020a) for the integration of migrants in Europe, released in 2020 and aiming to pan out between 2021 and 2027, lays out a clear connection between "inclusion" and "monitoring." This monitoring is essentially digital surveillance, though it is described rosily as a follow-up on integration projects the European Union funds, to

ção (OFII) chama isso de "Contrato de Integração Republicana (CIR)" (République Française 2020), onde "estrangeiros recém-chegados" (Ministère de l'intérieur 2022) são ensinados "os princípios [e] valores [...] da República, os direitos e deveres relacionados com a vida na França e a organização da Sociedade Francesa". A concessão do pedido de imigração vem atrelada à exigência de renunciar a certos aspectos de sua identidade cultural. Ou seja, esforços robustos de integração não são apenas para inserir imigrantes na força de trabalho, mas também um "escudo contra a radicalização" (Rush 2018) – um termo genérico para diferenças culturais extremas.

A Holanda tem um programa semelhante, onde o "conhecimento da sociedade holandesa" (Comissão Europeia 2021) é misturado com habilidades no idioma holandês. Eles vão ainda mais longe ao exigir trabalho "voluntário" em empresas e exigir plano de saúde de empresas que se recusam a fornecer informações em qualquer idioma que não seja o holandês. Já passei por esse processo – duas ou três vezes por semana, quando me "voluntariei" para passar aspirador de pó numa locadora de vídeo. Aqui aprendi sobre o "black pete" (mas não sobre a história colonial do país) e tive que me inscrever e pagar por serviços de saúde que não pude usar, porque os trabalhadores se recusaram a me dar informações em inglês pelo telefone.

No Brasil, um paralelo pode ser feito com os esforços de integração dos refugiados venezuelanos. Nos relatórios oficiais não há menção à formação e valores cívicos; em vez disso, há menção a oportunidades de certificação e trabalho (Agência da ONU para Refugiados 2021). O relatório da Agência da ONU para Refugiados de 2021 descreve que os refugiados venezuelanos no Brasil têm maior probabilidade de ter concluído estágios de educação, mas ganham menos e trabalham mais horas do que seus colegas brasileiros. Não existe um programa de integração obrigatório, portanto, esta prática não é intrínseca às políticas de imigração em todos os lugares.

ensure its integrity and effectiveness, as well as an "anti-discrimination" initiative (European Commission 2020b). Researchers have quickly voiced their concerns over how these follow-ups on integration policies, paired with a new European Digital Agenda, can easily become "a mass surveillance framework" (Regina and Capitani 2022) and an infringement on the values of a democratic society.

The digitalization of public services goes much beyond the immigration sector, but the specific push towards the integration of migrants now involves digital training. Improving the digital skills of any segment of the population is, in theory, a good thing. But this can also hand over an immense amount of power to the State, both of what information to share and how. Anyone nowadays sees new technologies marketed as helpful for the performance of a certain task, while crucial information about how your data are collected and shared is omitted. We are all susceptible to it, especially immigrants.

Artificial Intelligence and Action

A response analysis of a "public consultation" on the topic of migrant integration, done with mostly EU citizens, shows that nearly a quarter of those interviewed "reported adopting the local culture and customs [...] as factors for successful integration." In this digital era, these integration efforts pose worrying questions about what Artificial Intelligence can do to track, predict, and manipulate people's behavior. The more integrated people are, the easier it is for machine learning to spot abnormal behaviors within infinite pools of data. If we can not come back from that, we ought to move forward knowing what these technologies can do, and how to have control over them—as opposed to being controlled by them.

First, let us learn from people and groups which do not have a stake in promoting these integration policies and technolo-

Um novo "plano de ação" (Comissão Europeia 2020a) para a integração de migrantes na Europa, lançado em 2020 e com o objetivo de se concretizar entre 2021 e 2027, estabelece uma conexão clara entre "inclusão" e "monitoramento". Este monitoramento é essencialmente uma vigilância digital, embora seja descrito com bons olhos como um acompanhamento dos projetos de integração financiados pela União Europeia, para garantir sua integridade e eficácia, bem como uma iniciativa de "anti-discriminação" (Comissão Europeia 2020b). Os pesquisadores expressaram suas preocupações sobre como esses acompanhamentos das políticas de integração, combinados com uma nova Agenda Digital Europeia, podem facilmente se tornar "uma estrutura de vigilância em massa" (Regina e Capitani 2022) e uma violação dos valores de uma sociedade democrática.

A digitalização dos serviços públicos vai muito além do setor da imigração, mas o impulso específico para a integração dos imigrantes passa agora pela formação digital. Melhorar as habilidades digitais de qualquer segmento da população é, em teoria, uma coisa boa. Mas isso também pode transferir uma quantidade imensa de poder para o Estado, tanto sobre quais informações compartilhar quanto como. Hoje em dia, qualquer pessoa vê as novas tecnologias comercializadas como úteis para o desempenho de uma determinada tarefa, enquanto informações cruciais sobre como seus dados são coletados e compartilhados são omitidas. Estamos todos suscetíveis a elas, especialmente os imigrantes.

Inteligência Artificial e Ação

Uma análise de resposta a uma "consulta pública" sobre o tema da integração de migrantes, realizada principalmente com cidadãos da UE, mostra que quase um quarto dos entrevistados "relatou adotar a cultura e os costumes locais [...] como fatores para uma integração bem-sucedida". Nesta era digital, esses esforços de integração colocam questões preocupantes sobre o que a In-

gies. To trust tech companies and the government to teach us about their own tech innovations is like trusting McDonald's to teach us about how their meat is produced; of course, they will describe themselves with unreal amounts of flattery. Though impartiality is nearly impossible to achieve, as are conflicts of interest difficult to completely eradicate, a democratic society has a duty to provide plurality of sources and diversity in access to information.

Second, let's promote the embracing of cultural differences over integration efforts. Social integration is marketed by government immigration offices in Europe as "antiracist," generous and empowering. It is none of those things. As part of my "integration" classes, I "volunteered" at a video store where I had to vacuum a closed section dedicated to porn. For a Muslim immigrant, which in 2015 made up the majority of people in my class, this would be mortifying. At the time, the secularism the Dutch always promoted as progressive turned into blatant bigotry (Bahceli 2015), and "integration" meant the hostile pressure to learn the local language quickly and hide any non-Christian markers. It is no wonder that scholars (Regina and Capitani 2022) have pointed out the dangers of AI technology becoming a new tool to enact old fascistic European behaviors (Hayes 2018).

Certain counter-terrorism tactics which are considered acceptable in the United States are, in theory, not acceptable in Europe, at least anymore. As Paola Regina and Emilio de Capitani point out in a study published in March of this year (Regina and Capitani 2022), artificial intelligence is pushing, or needs to push Europeans to "re-evaluate" their antifascist efforts around government surveillance and the right to privacy. Technology has expanded the scope of data access (Bigo et al. 2013) by government institutions, and the terrorist attacks of 9/11 have for two decades served as a "recourse to insecurity, real or imagined" (Hayes 2018). This fuels a desire for "the securitization of international migration."

teligência Artificial pode fazer para rastrear, prever e manipular o comportamento das pessoas. Quanto mais integradas estiverem as pessoas, mais fácil será para o aprendizado de máquina detectar comportamentos anormais em conjuntos infinitos de dados. Se não podemos voltar e reverter esse processo, devemos seguir em frente sabendo o que essas tecnologias podem fazer e como controlá-las – em vez de sermos controlados por elas.

Primeiro, vamos aprender com pessoas e grupos que não têm interesse em promover essas políticas e tecnologias de integração. Confiar nas empresas de tecnologia e no governo para nos ensinar sobre suas próprias inovações tecnológicas é como confiar no McDonald's para nos ensinar como sua carne é produzida; é claro, eles se descreverão com bajulação irreal. Embora a imparcialidade seja quase impossível de alcançar, assim como os conflitos de interesse são difíceis de erradicar completamente, uma sociedade democrática tem o dever de fornecer pluralidade de fontes e diversidade no acesso à informação.

Em segundo lugar, vamos promover a aceitação das diferenças culturais em detrimento dos esforços de integração. A integração social é comercializada pelos escritórios governamentais de imigração na Europa como "antirracista", generosa e empoderadora. Não é nenhuma dessas coisas. Como parte das minhas aulas de "integração", fui "voluntária" numa locadora onde tive que passar aspirador de pó numa seção fechada dedicada à pornografia. Para uma imigrante muçulmana, que em 2015 era a maioria das pessoas da minha classe, isso seria humilhante. Na época, o secularismo que os holandeses sempre promoveram como progressista se transformou em fanatismo flagrante (Bahceli 2015), e "integração" significava a pressão hostil para aprender o idioma local rapidamente e esconder quaisquer marcadores não cristãos. Não é surpreendente que estudiosos (Regina e Capitani 2022) tenham apontado os perigos da tecnologia de IA se tornar uma nova ferramenta para decretar velhos comportamentos fascistas europeus (Hayes 2018).

The differences in ethical and historical perspectives between the US, UK, and EU have proven to not withstand this geopolitical paradigm and the lightspeed of technological advances. Studies on this issue tend to mention the Snowden revelations of 2013 with a sense of concern (Bigo et al. 2013) in the face of such massive pools of data paired with some of the most secretive government institutions. A *Public Intelligence study* (Bigo et al. 2013) goes further to question the extent to which this practice "can be tolerated in and between democracies" in particular. That is, as if the issue arose when Europeans became targets of mass surveillance, not when Arabs were targets of it, or peoples anywhere else in the world. "In and in between democracies" excludes anti-democratic attitudes "by" democracies towards everyone else.

Migration flow into Europe, due to propitious geography and Western-induced unrest in the Middle East and North Africa, led to disorganized digital profiling, or "mass surveillance activities carried out without clear objectives" (Bigo et al. 2013). It seems as if the second decade of the 2000s is marked by discoveries of how these digital technologies seeped into every little crack of our lives. And it is only now, in the third decade, that we are coming closer to defining and labeling what has been happening. How can *we* get better at tracking and predicting the technological movements of Powerful institutions?

Preventing these technologies from being developed is virtually impossible, assuming democracy and freedom are the values supposedly being defended by those who are engaged in this debate. What is within our reach is understanding how these technologies work, how they have been used, and as a result, gain clarity as to how they might come to be used in the near future. For that, we need *independent networks of digital training*.

Many of us already know what Photoshop can do with images,

Certas táticas antiterroristas que são consideradas aceitáveis nos Estados Unidos são, em teoria, um pouco mais inaceitáveis na Europa. Como Paola Regina e Emilio de Capitani apontam num estudo publicado em março de 2022 (Regina e Capitani), a inteligência artificial está pressionando, ou precisa pressionar, os europeus a "reavaliar" seus esforços antifascistas em torno da vigilância do governo e do direito à privacidade. A tecnologia expandiu o escopo do acesso a dados (Bigo et al. 2013) por instituições governamentais, e os ataques terroristas de 11 de setembro serviram por duas décadas como um "recurso à insegurança, real ou imaginária" (Hayes 2018). Isso alimenta o desejo de "securitização da imigração internacional".

As diferenças nas perspectivas éticas e históricas entre os EUA, o Reino Unido e a UE provaram não resistir a esse paradigma geopolítico e à velocidade da luz dos avanços tecnológicos. Os estudos sobre esta questão tendem a mencionar as revelações de Snowden de 2013 com um sentimento de preocupação (Bigo et al. 2013) diante de tais conjuntos massivos de dados emparelhados com algumas das instituições governamentais mais secretas. Um estudo de Inteligência Pública (Bigo et al. 2013) vai além, ao questionar até que ponto essa prática "pode ser tolerada em e entre democracias" em particular. Ou seja, como se a questão surgisse quando os europeus se tornassem alvos de vigilância em massa, não quando os árabes fossem alvos dela, ou povos em qualquer outro lugar do mundo. "Nas e entre democracias" exclui atitudes antidemocráticas "por" democracias em relação a todos os outros.

O fluxo migratório para a Europa, devido à geografia propícia e à agitação induzida pelo Ocidente no Oriente Médio e Norte da África, levou a perfis digitais desorganizados ou "atividades de vigilância em massa realizadas sem objetivos claros" (Bigo et al. 2013). Parece que a segunda década dos anos 2000 foi marcada por descobertas de como essas tecnologias digitais se infiltraram em cada pequena fresta de nossas vidas. E é só agora, na terceira

so we are now learning what face filters can do to videos. It's clear that this type of AI technology is already being used to track and racially profile people, and that it's not only immoral but also unreliable. It would be safe to assume that the direction the established order is going is one where much more effort is being put towards solving the issue of unreliability, than of immorality.

Deleting period-tracking apps only handles the issues of the past, when we thought we could still shy away from problematic digital hotspots. In a landscape where there are assumed to be no bad apples, there is just a very large rotten one upon which more than half the world's population feasts (Chaffey 2022). Sometimes I think increasing data input, and so decreasing its predictability would be useful. Machine learning and algorithms cannot be effective in predicting human behavior, especially when we as humans resist the efforts being put towards turning us into machines. Encouraging difference and uniqueness can be a radical thing because the pressure to "integrate" is more than a de-radicalization tool, it is an effort to predict and control our behaviors, even our most intimate ones.

década desse milênio, que estamos chegando mais perto de definir e rotular o que vem acontecendo. Como podemos melhorar o rastreamento e a previsão dos movimentos tecnológicos de instituições poderosas?

Impedir que essas tecnologias sejam desenvolvidas é praticamente impossível, assumindo que a democracia e a liberdade são os valores supostamente defendidos por aqueles que estão engajados nesse debate. O que está ao nosso alcance é entender como essas tecnologias funcionam, como têm sido utilizadas e, assim, ter clareza de como poderão vir a ser utilizadas num futuro próximo. Para isso, precisamos de redes independentes de treinamento digital.

Muitos de nós já sabemos o que o Photoshop pode fazer com as imagens, então agora estamos aprendendo o que os filtros de edição de rosto podem fazer com os vídeos. Está claro que esse tipo de tecnologia de IA já está sendo usado para rastrear e traçar perfilamentos raciais de pessoas, e que não é apenas imoral, mas também inconfiável. Seria seguro assumir que a direção que a ordem estabelecida está tomando é aquela em que muito mais esforço está sendo feito para resolver a questão da falta de confiabilidade do que da falta de moralidade.

A exclusão de aplicativos de rastreamento de menstruação apenas lida com os problemas do passado, quando pensávamos que ainda poderíamos evitar pontos de acesso digitais problemáticos. Numa paisagem onde se supõe que não haja maçãs podres, há apenas uma maçã muito grande podre da qual mais da metade da população mundial se alimenta (Chaffey 2022). Às vezes acho que aumentar a entrada de dados, portanto, diminuir sua previsibilidade seria útil. O aprendizado de máquina e os algoritmos não podem ser eficazes em prever o comportamento humano, especialmente quando nós, como humanos, resistimos aos esforços para nos transformar em máquinas. Incentivar a diferença e a singularidade pode ser algo radical, porque a pressão

References

Apple Store. 2022. "App privacy details on the App Store." Developer. Accessed [November 27, 2022]. https://developer.apple.com/app-store/app-privacy-details/.

Bahceli, Yoruk. 2015. "Wilders tells Dutch parliament refugee crisis is 'Islamic invasion.'" Reuters, September 10. Accessed [November 27, 2022]. https://www.reuters.com/article/us-europe-migrants-netherlands-idUSKCN0RA0WY20150910.

Bigo, Didier, Sergio Carrera, Nicholas Hernanz, Julien Jeandesboz, Joanna Parkin, Francesco Ragazzi, Amandine Scherrer. 2013. "National Programmes For Mass Surveillance Of Personal Data In Eu Member States And Their Compatibility With Eu Law." Public Intelligence, October. Accessed [November 27, 2022]. https://info.publicintelligence.net/EU-MassSurveillance.pdf.

Black, Crofton. 2020. "EU agencies tested monitoring data on refugees." EU Observer, April 28. Accessed [November 27, 2022]. https://euobserver.com/health-and-society/148185.

Chaffey, Dave. 2022. "Global social media statistics research summary 2022." Smart Insights, August 22. Accessed [November 27, 2022]. https://www.smartinsights.com/social-media-marketing/social-media-strategy/new-global-social-media-research/.

del Rio, Giulia McDonnell Nieto. 2022. "Meet SmartLINK, the App Tracking Nearly a Quarter Million Immigrants." The Markup, June 27. Accessed [November 27, 2022]. https://themarkup.org/the-breakdown/2022/06/27/meet-smartlink-the-app-tracking-nearly-a-quarter-million-immigrants.

para "integrar" é mais do que uma ferramenta de desradicalização, é um esforço para prever e controlar nossos comportamentos, até mesmo os mais íntimos.

European Commission. 2020a. "Watch: The EU Action Plan on Integration and Inclusion (2021-2027) explained." European Website on Integration. December 17. Accessed [November 27, 2022]. https://ec.europa.eu/migrant-integration/news/watch-eu-action-plan-integration-and-inclusion-2021-2027-explained_en.

European Commission. 2020b. "The EC reveals its new EU Action Plan on Integration and Inclusion (2021-2027)." European Website on Integration. November 24. Accessed [November 27, 2022]. https://ec.europa.eu/migrant-integration/news/ec-reveals-its-new-eu-action-plan-integration-and-inclusion-2021-2027_en.

European Commission. 2021. "Governance of migrant integration in the Netherlands." European Website on Integration. Accessed [November 27, 2022]. https://ec.europa.eu/migrant-integration/country-governance/governance-migrant-integration-netherlands_en.

Fowler, Geoffrey A. 2021. "I checked Apple's new privacy 'nutrition labels.' Many were false." The Washington Post, January 29. Accessed [November 27, 2022]. https://www.washingtonpost.com/technology/2021/01/29/apple-privacy-nutrition-label/.

Hayes, Ben. 2018. "Migration and data protection: Doing no harm in an age of mass displacement, mass surveillance and 'big data.'" International Review. Accessed [November 27, 2022]. https://international-review.icrc.org/sites/default/files/irrc_99_12.pdf.

IOM (International Organization for Migration). 2019. "Workshop Report on Forecasting Human Mobility in Contexts of Crises." ALNAP, October 22–24. Accessed [November 27, 2022]. https://www.alnap.org/system/

Referências

Apple Store. 2022. "App privacy details on the App Store." Developer. Acessado [27 de novembro de 2022]. https://developer.apple.com/app-store/app-privacy-details/.

Bahceli, Yoruk. 2015. "Wilders tells Dutch parliament refugee crisis is 'Islamic invasion.'" Reuters, 10 de setembro. Acessado [27 de novembro de 2022]. https://www.reuters.com/article/us-europe-migrants-netherlands-idUSKCN0RA0WY20150910.

Bigo, Didier, Sergio Carrera, Nicholas Hernanz, Julien Jeandesboz, Joanna Parkin, Francesco Ragazzi, Amandine Scherrer. 2013. "National Programmes For Mass Surveillance Of Personal Data In Eu Member States And Their Compatibility With Eu Law." Public Intelligence, Outubro. Acessado [27 de novembro de 2022]. https://info.publicintelligence.net/EU-MassSurveillance.pdf.

Black, Crofton. 2020. "EU agencies tested monitoring data on refugees." EU Observer, 28 de abril. Acessado [27 de novembro de 2022]. https://euobserver.com/health-and-society/148185.

Chaffey, Dave. 2022. "Global social media statistics research summary 2022." Smart Insights, 22 de agosto. Acessado [27 de novembro de 2022]. https://www.smartinsights.com/social-media-marketing/social-media-strategy/new-global-social-media-research/.

del Rio, Giulia McDonnell Nieto. 2022. "Meet SmartLINK, the App Tracking Nearly a Quarter Million Immigrants." The Markup, 27 de junho. Acessado [27 de novembro de 2022]. https://themarkup.org/the-breakdown/2022/06/27/meet-smartlink-the-app-tracking-nearly-a-quarter-million-immigrants.

files/content/resource/files/main/17022020%20FFO-
IOM%20Workshop%20on%20Forecasting%20Human%20
Mobility%20in%20Contexts%20of%20Crises.pdf.

Ministère de l'intérieur. 2020. "Guide for asylum seekers in
France." September.

Ministère de l'intérieur. 2022. "The Republican Integration
Program." January.

Regina, Paola, and Emilio de Capitani. 2022. "Digital
Innovation and Migrants' Integration: Notes on EU
Institutional and Legal Perspectives and Criticalities."
Mdpi, March 23. Accessed [November 27, 2022]. https://
www.mdpi.com/2076-0760/11/4/144.

République Française. 2020. "Republican Integration Contract
(CIR)." OFII, July. Accessed [November 27, 2022]. https://
www.ofii.fr/wp-content/uploads/2020/07/cir_contrat_
en.pdf.

Rush, Nayla. 2018. "France: Integration of Migrants Begins
with Shared Values." Center for Immigration Studies, June
6. Accessed [November 27, 2022]. https://cis.org/Rush/
France-Integration-Migrants-Begins-Shared-Values.

The UN Refugee Agency. 2021. "Integration of Venezuelan
Refugees and Migrants in Brazil." ACNUR, March.
Accessed [November 27, 2022]. https://www.acnur.
org/portugues/wp-content/uploads/2021/05/5-pages-
Integration-of-Venezuelan-Refugees-and-Migrants-in-
Brazil-en.pdf.

United States District Court Northern District Of California.
2022. "Complaint For Declaratory And Injunctive
Relief For Violation Of The Freedom Of Information
Act." Just Futures Law, Community Justice Exchange,

European Commission. 2020a. "Watch: The EU Action Plan on Integration and Inclusion (2021-2027) explained." European Website on Integration. 17 de dezembro. Acessado [27 de novembro de 2022]. https://ec.europa.eu/migrant-integration/news/watch-eu-action-plan-integration-and-inclusion-2021-2027-explained_en.

European Commission. 2020b. "The EC reveals its new EU Action Plan on Integration and Inclusion (2021-2027)." European Website on Integration. 24 de novembro. Acessado [27 de novembro de 2022]. https://ec.europa.eu/migrant-integration/news/ec-reveals-its-new-eu-action-plan-integration-and-inclusion-2021-2027_en.

European Commission. 2021. "Governance of migrant integration in the Netherlands." European Website on Integration. Acessado [27 de novembro de 2022]. https://ec.europa.eu/migrant-integration/country-governance/governance-migrant-integration-netherlands_en.

Fowler, Geoffrey A. 2021. "I checked Apple's new privacy 'nutrition labels.' Many were false." The Washington Post, 29 de janeiro. Acessado [27 de novembro de 2022]. https://www.washingtonpost.com/technology/2021/01/29/apple-privacy-nutrition-label/.

Hayes, Ben. 2018. "Migration and data protection: Doing no harm in an age of mass displacement, mass surveillance and 'big data.'" International Review. Acessado [27 de novembro de 2022]. https://international-review.icrc.org/sites/default/files/irrc_99_12.pdf.

IOM (International Organization for Migration). 2019. "Workshop Report on Forecasting Human Mobility in Contexts of Crises." ALNAP, 22 a 24 de outubro. Acessado [27 de novembro de 2022]. https://www.alnap.org/system/files/content/resource/files/main/17022020%20FFO-

Just Futures Law, Mijente Support Committee v. U.S. Immigration and Customs Enforcement and U.S. Department Of Homeland Security, April 14. Accessed [November 27, 2022]. https://static1.squarespace.com/static/62c3198c117dd661bd99eb3a/t/635c0fe7ed5eab36eb46c47c/1666977767513/CJE+et+al+v+ICE+et+al.pdf.

Wabi-Sabi, Mirna. 2022. "The Rule of Law and its Built-in Marginalizing Features." A Beautiful Resistance, June 30. Accessed [November 27, 2022]. https://abeautifulresistance.org/site/2022/6/29/the-eu-court-of-justice-case-ys-and-others-and-built-in-marginalizing-features-of-the-rule-of-law.

IOM%20Workshop%20on%20Forecasting%20Human%20
Mobility%20in%20Contexts%20of%20Crises.pdf.

Ministère de l'intérieur. 2020. "Guide for asylum seekers in
France." September.

Ministère de l'intérieur. 2022. "The Republican Integration
Program." January.

Regina, Paola, and Emilio de Capitani. 2022. "Digital
Innovation and Migrants' Integration: Notes on EU
Institutional and Legal Perspectives and Criticalities."
Mdpi, 23 de março. Acessado [27 de novembro de 2022].
https://www.mdpi.com/2076-0760/11/4/144.

République Française. 2020. "Republican Integration Contract
(CIR)." OFII, Julho. Acessado [27 de novembro de 2022].
https://www.ofii.fr/wp-content/uploads/2020/07/cir_
contrat_en.pdf.

Rush, Nayla. 2018. "France: Integration of Migrants Begins
with Shared Values." Center for Immigration Studies, 6 de
junho. Acessado [27 de novembro de 2022]. https://cis.org/
Rush/France-Integration-Migrants-Begins-Shared-Values.

The UN Refugee Agency. 2021. "Integration of Venezuelan
Refugees and Migrants in Brazil." ACNUR, Março.
Acessado [27 de novembro de 2022]. https://www.acnur.
org/portugues/wp-content/uploads/2021/05/5-pages-
Integration-of-Venezuelan-Refugees-and-Migrants-in-
Brazil-en.pdf.

United States District Court Northern District Of California.
2022. "Complaint For Declaratory And Injunctive Relief
For Violation Of The Freedom Of Information Act." Just
Futures Law, Community Justice Exchange, Just Futures
Law, Mijente Support Committee v. U.S. Immigration

and Customs Enforcement and U.S. Department Of Homeland Security, 14 de abril. Acessado [27 de novembro de 2022]. https://static1.squarespace.com/static/62c3198c117dd661bd99eb3a/t/635c0fe7ed5eab36eb46c47c/1666977767513/CJE+et+al+v+ICE+et+al.pdf.

Wabi-Sabi, Mirna. 2022. "The Rule of Law and its Built-in Marginalizing Features." A Beautiful Resistance, 30 de Junho. Acessado [27 de novembro de 2022]. https://abeautifulresistance.org/site/2022/6/29/the-eu-court-of-justice-case-ys-and-others-and-built-in-marginalizing-features-of-the-rule-of-law.

The Ultra Wealthy Dream of Fintech Unicorns

> *"Latin America is known for its mambo and salsa dance styles, but there's something else shaking up the region"... (Salas, 2022)*

Could anything good come after this opening line?

FINTECH.

Fintech is short for Financial Technology, and investors are claiming it will be the solution to income inequality. It includes online banking, cryptocurrency, crowdfunding, stocktrading apps, mobile payments, and so on, as tools for "financial inclusion" of economically marginalized people. The ultra wealthy have the ability to convince themselves, and those around them, that what poor people need to get out of poverty is something a venture capitalist can offer. And what's hotter in venture capitalism than tech giants in Silicon Valley?

New apps and online banking inventions are being sold in Latin America as the solution to all our money problems — making transactions quicker and cheaper — as if the problem with poor people's finances was lack of tools to manage money, not lack of money.

In March of 2022, Forbes.com published a hopeful article about how fintech can be a solution for income inequality called "Fintech Leaps Forward In Latin America", written by Sean Salas, CEO of an online financial service company based in Los Angeles. Camino Financial, his company, has a website which bans visits from my region of Brazil — my IP address is blocked, but a VPN overrides the ban.

Os ultra ricos sonham com unicórnios da Fintech

"A América Latina é conhecida por seus estilos de dança mambo e salsa, porém, há algo mais agitando a região"... (Salas, 2022)

Alguma coisa boa poderia vir depois dessa abertura?

FINTECH.

Fintech é a abreviação de Tecnologia Financeira, e os investidores afirmam que será a solução para a desigualdade econômica. Inclui serviços bancários online, criptomoedas, crowdfunding, aplicativos de compras de ações, pagamentos móveis e assim por diante, como ferramentas para "inclusão financeira" de pessoas economicamente marginalizadas. Os ultra ricos têm a capacidade de convencer a si mesmos, e aos que os cercam, de que o que as pessoas pobres precisam para sair da pobreza é algo que um empreendedor pode oferecer. E o que é mais agitado na área de empreendedorismo do que gigantes da tecnologia no Silicone Valley?

Novos aplicativos e invenções bancárias online estão sendo vendidos na América Latina como a solução para todos os nossos problemas financeiros — tornando as transações mais rápidas e baratas — como se o problema nas finanças de pessoas pobres fosse a falta de ferramentas para administrar o dinheiro, e não a falta de dinheiro.

Em março de 2022, a Forbes.com publicou um artigo esperançoso sobre como a fintech pode ser uma solução para a desigualdade de renda chamado "Fintech avança na América Latina" (Fintech Leaps Forward In Latin America), escrito por Sean Salas, CEO de uma empresa de serviços financeiros online com sede em Los Angeles. A Camino Financial, sua empresa, tem um site que proíbe visitas da minha região do Brasil — meu ende-

According to the US Department of the Treasury, internet-based financial service companies, like his, "developed Internet Protocol (IP) address blocking procedures" to unsuccessfully address the "firm's compliance risks". Banning IP addresses from certain geographical regions can be done if they want to comply with US sanction policies, or "satisfy their due diligence requirements" (US Department of the Treasury, 2004).

In other words, the man who argued for the revolutionary nature of fintech in Latin America is also CEO of a financial enterprise which bans website visitors from certain locations in Latin America. Of all people, he knows first-hand how the internet, specifically Internet-based financial services, have severe potential to become inaccessible, restrictive, and expensive — just as banks are now.

"Five banks control over 80% of every financial product in Brazil. Combined these banks have become the most profitable in the world. If you see the interest rates and fees consumers pay for these products it's extremely expensive." (Salas, 2022)

What can we do to ensure we are truly solving the problem of banks, and not just transferring the problem to the internet? By demanding dignity to all people, first and foremost. Is your local venture capitalist paying their workers a living wage?

These shiny new gadgets will keep us entertained and distracted for some time, but it will certainly not solve the real problem here: working people around the globe are not getting paid enough. Wealthy people hoard their wealth by not paying workers a living wage, and until that changes, this belief in meritocracy will continue to disappoint.

reço IP está bloqueado, mas uma VPN desvia a proibição. De acordo com o Departamento do Tesouro dos EUA, empresas de serviços financeiros na Internet, como a dele, "desenvolveram procedimentos de bloqueio de endereço de protocolo de Internet (IP)" para abordar sem sucesso os "riscos de conformidade da empresa." A proibição de endereços IP de certas regiões geográficas pode ser feita se eles quiserem cumprir políticas de sanção dos EUA ou "satisfazer seus requisitos de diligência prévia" (Departamento do Tesouro dos EUA, 2004).

Ou seja, o homem que escreveu para o site da Forbes sobre o potencial revolucionário da fintech na América Latina também é CEO de uma empresa financeira que proíbe visitantes online de determinados locais da América Latina. De todas as pessoas, ele sabe de primeira mão como a internet, especificamente os serviços financeiros baseados na internet, tem um potencial severo de se tornar inacessível, restritivo e caro – assim como os bancos já são.

> *"Cinco bancos controlam mais de 80% de todos os produtos financeiros do Brasil. Juntos, esses bancos se tornaram os mais lucrativos do mundo. Se você ver as taxas de juros e taxas que os consumidores pagam por esses produtos, é extremamente caro."*
> *(Salas, 2022)*

O que podemos fazer para garantir que estamos realmente resolvendo o problema dos Bancos, e não apenas transferindo o problema para a internet? Exigindo dignidade a todas as pessoas em primeiro lugar. O seu empreendedor local está pagando um salário digno a todos os seus trabalhadores?

Essas novas gadgets brilhantes nos manterão entretidos e distraídos por algum tempo, mas certamente não resolverão o problema real com o qual lidamos: pessoas trabalhadoras pelo mundo inteiro não estão sendo pagas o suficiente. Os ultra ricos

To be at the "Forefront of Financial Inclusion" is to properly remunerate workers, and to provide every citizen with basic health needs and education — not to provide modern ways for poor people to feel broke and inadequate. In this sense, Fintech "Unicorns" is a fitting term for these ventures, because they are clearly out of touch with reality.

Surely, they are useful, since they can be used imaginatively (especially during a pandemic which requires social distancing), but let's not oversell them. We still unquestionably have a much bigger issue at hand: people are homeless, hungry and dying while oligarchs wage war, obliterate forests and go to Space. In fact, some of these oligarchs probably have their toes in the fintech pool.

Latin America is known for a lot more than just beats and swinging hips. We are known for incredible biodiversity, stunning nature, indigenous resilience in face of colonialist exploitation and the spiritual power of the African Diaspora. If Fintech entrepreneurs don't acknowledge the need to worship and protect this legacy, their contributions to the Latin American landscape will be puny.

acumulam suas riquezas ao não pagarem seus trabalhadores um salário digno e, até que isso mude, essa crença na meritocracia continuará a decepcionar.

Estar "na vanguarda da inclusão financeira" é remunerar adequadamente os trabalhadores e fornecer a todos os cidadãos necessidades básicas de saúde e educação – não fornecer maneiras modernas para que os pobres se sintam ainda mais quebrados e inadequados. Nesse sentido, "Unicórnios" da Fintech é um termo adequado para esses empreendimentos, pois estão claramente fora de contato com a realidade.

Certamente, eles são úteis, pois podem ser usados (especialmente durante uma pandemia que exige distanciamento social), mas não devemos exagerar suas capacidades de mitigar a desigualdade. Inquestionavelmente, ainda temos um problema muito maior em mãos: há pessoas desabrigadas, famintas e morrendo enquanto oligarcas fazem guerra, destroem florestas e vão para o Espaço. Na verdade, alguns desses oligarcas provavelmente têm os pés na piscina das fintechs.

A América Latina é conhecida por muito mais do que apenas ritmos e danças. É conhecida pela sua biodiversidade magnífica, natureza deslumbrante, resiliência indígena diante da exploração colonialista e o poder espiritual da diáspora africana. Se os empreendedores de fintech não reconhecerem a necessidade de venerar e proteger esse legado, suas contribuições para o cenário latino-americano serão mesquinhas.

References

Salas, Sean. (2022) "Fintech Leaps Forward In Latin America"
<https://www.forbes.com/sites/seansalas/2022/03/10/
fintech-leaps-forward-in-latin-america/>

US Department of the Treasury. (2004) "Compliance
For Internet, Web Based Activities, And Personal
Communications" <https://home.treasury.gov/policy-
issues/financial-sanctions/faqs/73>

Referências

Salas, Sean. (2022) "Fintech Leaps Forward In Latin America"
    <https://www.forbes.com/sites/seansalas/2022/03/10/
    fintech-leaps-forward-in-latin-america/>

US Department of the Treasury. (2004) "Compliance
    For Internet, Web Based Activities, And Personal
    Communications" <https://home.treasury.gov/policy-
    issues/financial-sanctions/faqs/73>

W112f

Wabi-Sabi, Mirna

Finge que isso é um celular./ Mirna Wabi-Sabi. - 1. ed. - Rio de Janeiro:
Plataforma9, 2023.
110p.:11x18 cm.

ISBN 978-65-85267-01-4
Edição bilíngue: Português-Inglês
Título em Inglês: Pretend this is a cellphone

1.Ciências Sociais. 2. Ciências Políticas. 3.Literatura Brasileira.
I.Autor. II.Título. III.Assunto.

CDD: 304
CDU: 304.44

Kethlyn Galdino Pereira – Bibliotecária - CRB-8/10560

Índice para catálogo sistemático:

1. Fatores que Afetam o Comportamento Social. 304

2. Prática Social. 304.44

www.ingramcontent.com/pod-product-compliance
Lightning Source LLC
LaVergne TN
LVHW031426170726
843492LV00009B/2879